2024年度版

ビジ法

ビジネス実務法務検定試験®

一問一答エクスプレス 2級

TACビジネス実務法務検定試験®講座

はしがき

本書は，東京商工会議所が主催する，ビジネス実務法務検定試験®に効率よく合格するための一問一答形式の問題集です。

ビジネス実務法務検定試験®では，取り扱う法律の数も多く，満点を取るのは３級・２級とも容易ではありません。出題分野も少しずつ変化していますし，難易度も基本的には上昇しています。

しかし，３級・２級とも合格するために満点をとる必要はありません。本試験では，何度も同じ知識が問われていて，しかもその知識の量は，決して多くはありません。

そこで，本書では，過去問すべてを分析し，もう出題されなくなった分野や，特殊な問題，難易度の高い問題は切り捨てました。そして，合格に必要な基本的知識をオリジナル問題として，一問一答形式で整理し直しました。

本書を完全にマスターしていただければ，本試験では合格点は十分取れるものと確信しております。

本書を活用して効率よく学習し，合格の栄冠を勝ち取られんと祈念しております。

2024年２月

TACビジネス実務法務検定試験®講座

※　本書は，2023年12月１日現在成立している法律に従って執筆しています。

◆ビジネス実務法務検定試験®とは？◆

企業が求める，ビジネスシーンで必要とされる実践的な法律知識を身に付けることができる試験です。現代社会では企業の継続的な活動のために，コンプライアンス（法令遵守）能力を身に付け，リスクを事前に，認識し，回避・解決できることが一人ひとりに求められています。その基礎となる実践的な法律知識を体系的・効率的に学び，能力を測定することができます。

学習のメリット

ビジネス実務法務検定試験®を学習することによるメリットは大きく3つあります。

1つ目が，企業が求めるビジネスパーソンに必要とされる実践的な法律知識を，効率的に身に付けられることです。民法・商法（会社法）を中心に，数多くの法律を学習するため，様々なビジネスシーンで生じ得るリスク等に敏感に反応することが可能となります。

2つ目が就職や転職，キャリアアップに役立つことです。企業のニーズに応えて設立された試験ですので，当然企業側の注目度も高くなっています。社内の推奨検定としたり，人事異動や採用時の参考資料として取り入れる企業も増えています。

3つ目が，他の法律系資格取得へのステップアップとなることです。ビジネス実務法務検定試験®で出題される法律は，民法・会社法など，他の資格試験と重複する科目も多く，学習後に宅建士や行政書士，中小企業診断士，司法書士などの法律系資格を狙う場合には，とても有利なスタートをきることができます。

傾向と対策

2級については企業活動の実務経験があり，弁護士などの外部専門家への相談といった一定の対応ができるなど，質的・量的に法律実務知識を有していて，知識レベルとしてのアッパーレベルを想定しています。3級で学んだ内容に加え，紛争の解決方法や国際法務にも範囲が広がります。

2級では，民法と会社法・商法（本書の第1章，第2章第1節～第3節，第3章第1節第2節，第5章）から，それぞれ約25%，両者で全体の50%程度出題されます。ここを優先的に学習し，特に，細かいルールも多岐にわたり出題される会社法は繰り返し学習し，弱点としないことが重要です。

実受験者数・合格者数・合格率

	第48回	第49回	第50回	第51回	第52回	第53回	第54回
実受験者数	6,890人	3,549人	4,733人	4,249人	5,549人	5,218人	6,351人
合格者数	2,990人	2,426人	2,977人	2,246人	2,807人	1,523人	2,455人
合格率	43.4%	68.4%	62.9%	52.9%	50.6%	29.2%	38.7%

試験概要について

ビジネス実務法務検定試験®は2021年度からIBT（インターネット経由での試験）へ変わりました。IBTは受験者本人のコンピュータで受験する試験です。受験日時は受験者が選ぶことができ，プライバシーが配慮され受験に適した環境であれば，どこでも受験できます（○：自宅，会社等　×：公共スペース）。

同時に，CBT（テストセンターのコンピュータを用いた試験）も恒久的に実施され，受験者はIBT・CBTを自由に選択できます。

試験日程	1年に2シーズン試験期間が設けられます。※2024年度は以下の通りです。 第1シーズン：6月21日(金)～7月8日(月) 第2シーズン：10月25日(金)～11月11日(月)
受験申込	インターネット受付のみ ※申込時には，電子メールアドレスが必要です。
申込期間	約12日間　※2024年度は以下の通りです。 第1シーズン：5月17日(金)～5月28日(火)　18：00 第2シーズン：9月20日(金)～10月1日(火)　18：00
受験料	7,700円（税込） ※CBTの場合は，CBT利用料2,200円（税込）が別途発生します。
受験資格	学歴・年齢・性別・国籍に制限はありません。
試験時間	90分 ※試験時間とは別に試験開始前に本人確認，受験環境の確認等が行われます。
合格基準	100点満点とし，70点以上をもって合格とします。
成績照会	試験終了後，即時採点された結果が画面に表示されます。

受験申込及び試験の詳細については東京商工会議所検定センターホームページ，または東京商工会議所のビジネス実務法務検定試験®公式ホームページにてご確認ください。

東京商工会議所検定センター HP：https://www.kentei.tokyo-cci.or.jp

ビジネス実務法務検定試験®公式HP：https://www.kentei.tokyo-cci.or.jp/houmu/

◆本書の特長◆

出題傾向と学習ポイント

各章や節の冒頭で，出題傾向を解説しています。ここでは本試験での出題数を記載しているので，これを参考にすると学習量を調整しやすくなります。

第4節 倒産処理

毎回2題～3題程度出題されます。破産法からほぼ確実に1題，多いときには2題出題されます。残りの1題は，民事再生法か会社更生法のいずれかから出題される場合が多いです。

	制度の目的	対象者
破産	清算	個人・法人を問わない
会社更生	再建	大規模な株式会社のみ
民事再生	再建	個人・法人を問わない

テーマ1 破産法

1 手続の概要

A社の民事再生手続において，民事再生手続開始の申立てが棄却された場合，または裁判所による再生計画認可決定がなされなかった場合，A社に破産手続開始の原因となる事実があると認められるときでも，裁判所の職権により破産手続開始の決定がなされることはなく，A社は，任意整理手続によって自己の債権債務を整理するほかない。

債務者の支払不能や債務超過は破産手続開始原因となるから，当該債務者が法人であるか自然人であるかにかかわらず，いずれの場合も裁判所は破産手続を開始することができる。

債権者は破産手続開始の申立てをすることができる。しかし，その場合，債権の存在と破産原因があることを当該申立ての時に証明しなければならない。

102

出題可能性重視

収録された問題は出題可能性の高い順に★★★～★の3段階にレベル分けをしました。過去に何度も出題されている問題，法改正の関係で1回しか出題されていないが，今後再度出題される可能性が高い問題など，本試験を徹底的に分析し，分類しました。

重要アイコン（重要!）

2024年度の本試験で出題されそうな重要問題のみにマークを付けています。このマークのある問題は必ずマスターしてください。

一問一答形式

IBT試験に変更になったことにより，試験中は選択肢を検討するためにメモを取ることができなくなりました（パソコン上のメモ機能を使用することは可能）。限られた時間の中で正解を導き出すためには，「丁寧な読み込みありきの正誤判断」より「速く正確な正誤判断」が必要です。一問一答形式なら瞬時に正誤を判断するトレーニングができます。

解答 1 民事再生手続や会社更生手続の申立てがなされたが，それらの手続に失敗した場合，裁判所の職権により破産手続開始の決定がなされ，その後の清算手続が破産手続に移行することがある。

確認しやすい解答

○または×を大きく表記し，簡単な問題については，解説を読まずとも確認できるようにしました。

解答 2 債務超過は法人特有の破産原因である（破産法16条1項）。

×

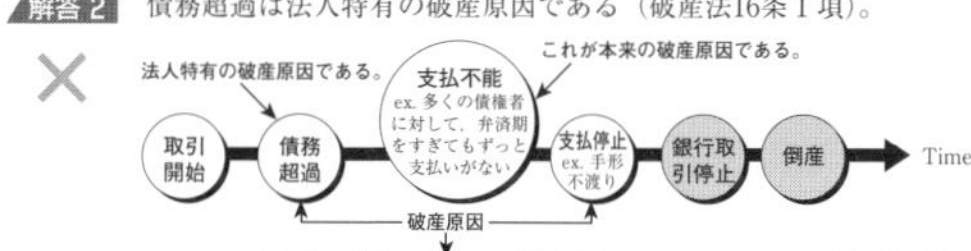

解答 3 債権者が破産申立てをするには，債権の存在と破産原因があることを疎明しなければならない（破産法18条）。

×

簡潔な解説

解説については，読者の方々が一通り学習していることを前提に，できるだけ簡潔に済ませ，一読で理解できる解説を目指しました。

103

目次

第２章　債権の管理と回収

第３章　会社財産

第４章　企業活動に関する法規制

第5章　株式会社

第6章　会社と従業員の法律関係

第７章　紛争の解決方法

第８章　国際法務（渉外法務）

ビジネス実務法務検定試験®

一問一答
エクスプレス

問題　解答

第1章 会社取引の法務

本章からは，**毎回，７題～８題程度出題**されます。

第１節 売買契約

売買契約に関する問題は３級で学習するところですが，当然知っている必要があるとして，２級でも定期的に出題されています。最近では，１問～２問程度は必ず出題されています。

□□□ **問題１** ★★

特定物売買において，目的物の引渡し前に，売主および買主の双方の帰責事由によらずに目的物が滅失し，当該目的物の引渡債務が履行不能となった場合，買主は，売主の代金支払請求を拒むことができる。

□□□ **問題２** ★★

売主が債務の本旨に従って引渡債務の弁済の提供をしたにもかかわらず，買主の受領拒絶により目的物を引き渡すことができなかった場合でも，約定の履行期に引渡債務を履行できなかった以上，売主は履行遅滞の責任を負う。

□□□ **問題３** ★★

売買契約の締結後，目的物の引渡しの前に，債務の全部が履行不能となった場合や債務者がその債務の全部の履行を拒絶する意思を明確に表示したときは，債権者は，債務者に対して，相当の期間を定めた催告をすることなく，当該売買契約を解除することができる。

解答１

○

売主および買主の双方の帰責事由によらずに売主の特定物引渡債務の全部が履行不能となった場合，買主は売買契約を無催告解除でき（民法542条），解除すれば，代金支払債務は消滅し，買主は，売主の代金支払請求を拒むことができる。また，買主が売買契約を解除しない場合，危険負担の問題となり，買主の代金支払債務は存続するが，買主は，その履行を拒むことができる（民法536条１項）。よって，買主の解除の有無を問わず，買主は，売主の代金支払請求を拒むことができる。

解答２

×

債務の本旨に従った弁済の提供をすれば，債務者は債務の履行をしないことによって生ずべき責任（履行遅滞による債務不履行責任）を免れる（民法492条）。

解答３

○

債務の全部が履行不能の場合（民法542条１項１号）や債務者がその債務の全部の履行を拒絶する意思を明確に表示したとき（民法542条１項２号）は，債権者は催告によらない解除をすることができる。

□□□ **問題 4**
★★★

売買契約において引き渡された売買の目的物が種類，品質または数量に関して契約の内容に適合しないものであった場合，買主は，売主に対して，原則として，当該目的物の修補，代替物の引渡しまたは不足分の引渡しによる履行の追完を請求することができる。

□□□ **問題 5**
★

食品製造・販売を営むA株式会社は，B株式会社との間で，食品XをB社に販売する旨の売買契約を締結した。A社の従業員の過失により，A社は約定の引渡期日に食品XをB社に引き渡すことができなかった。この場合，A社には過失がないので，B社は，A社に対し，引渡期日を徒過したことにより被った損害の賠償を請求することはできない。

解答４

記述のとおりである（買主の追完請求権：民法562条１項本文）。

解答５

×

履行補助者であるＡ社の従業員の過失によるものであることだけでは，契約その他の債務の発生原因および取引上の社会通念に照らして債務者であるＡ社の帰責事由によるものではないとはいえないため，Ａ社は債務不履行に基づく損害賠償責任を負う（民法415条１項）。

第2節 請負契約

ほぼ毎回，１題は出題されます。

1 請負契約の成立・代金支払時期

□□□ **問題 1**
★★★

建設業法上，建設工事の請負契約の当事者は，原則として，工事の内容その他契約の重要事項を記載した書面を作成する義務を負うと規定されている以上，建築請負契約において，契約書面が作成されない場合には，当該契約は無効となる。

□□□ **問題 2**
★★★

建物建築請負契約においては，請負契約における報酬の支払い時期は，民法上，工事着工の時とされており，注文者と請負人との間の特約により，これとは別の定めをすることはできない。

□□□ **問題 3**
★★

民法上，請負契約において，注文者の責めに帰することができない事由によって請負人が仕事を完成することができなくなった場合，請負人がすでにした仕事の結果によって注文者が利益を受けるときは，請負人は，当初の請負契約による報酬の全額を請求することができる。

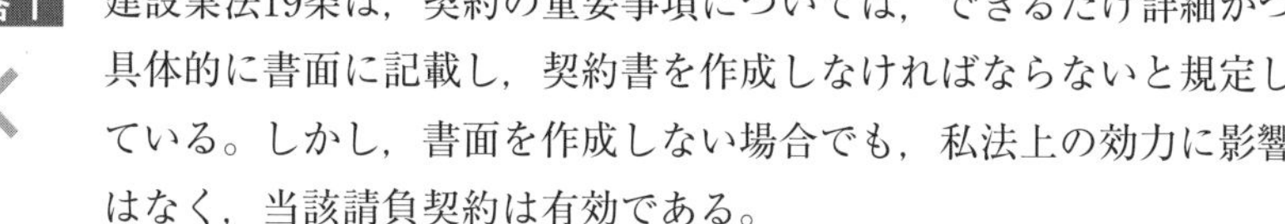

解答 1　×

建設業法19条は，契約の重要事項については，できるだけ詳細かつ具体的に書面に記載し，契約書を作成しなければならないと規定している。しかし，書面を作成しない場合でも，私法上の効力に影響はなく，当該請負契約は有効である。

解答 2　×

民法上，請負契約における報酬の支払い時期は，仕事の目的物の引渡しと同時とされている（民法633条）。建物建築請負契約でも，この点について特に例外は規定されていない。

なお，民法633条は任意規定と解されており，当事者間の特約があれば，前払いとしたり，仕事の進捗に応じて分割払いとすることも可能である。

解答 3　×

注文者の責めに帰することができない事由によって仕事を完成することができなくなった場合に請負人が報酬を請求できるのは，民法上，請負人がすでにした仕事の結果のうち可分な部分の給付によって注文者が利益を受ける場合に限られる（民法634条１号）。また，その場合でも，その部分が仕事の完成とみなされるにすぎず，請負人は，注文者が受ける利益の割合に応じて報酬を請求できるにすぎない（民法634条１号）。

2 契約不適合の場合の請負人の責任

□□□ 問題 1
★★★
重要!

民法上，請負契約において，完成した仕事の目的物に不具合があったときは，契約不適合の場合の債務不履行責任の問題として処理され，注文者は，原則として目的物の修補による履行の追完を請求できるし，一定の要件を満たせば，報酬の減額請求，損害賠償請求，契約の解除をすることができる。

□□□ 問題 2
★★

民法上，請負契約において，完成した仕事の目的物に不具合があった場合でも請負人がその責任を負わない旨の特約をすることも有効であるが，このような特約があった場合でも，例えば，請負人が材料に欠陥があることを知りながら，注文者に告げずに仕事を続行したために目的物に不具合があったときは，材料の欠陥から生じた不具合について，注文者に対する責任を免れることはできない。

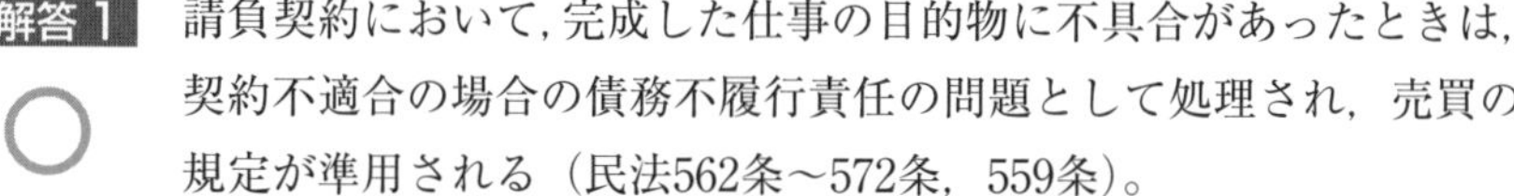

解答1

○

請負契約において，完成した仕事の目的物に不具合があったときは，契約不適合の場合の債務不履行責任の問題として処理され，売買の規定が準用される（民法562条～572条，559条）。

①注文者は，請負人の帰責事由の有無を問わず，原則として目的物の修補請求をすることができる（注文者の履行の追完請求権：民法562条，559条）。

②注文者が相当の期間を定めて履行の追完の催告をし，その期間内に履行の追完がないときは，請負人の帰責事由の有無を問わず，注文者は，その不適合の程度に応じて報酬の減額を請求することができる（注文者の報酬減額請求権：民法563条1項，559条）。

③契約不適合を理由に注文者が履行の追完請求権や報酬減額請求権を行使できる場合でも，民法415条や民法541条，542条の要件を充たせば，注文者は損害賠償請求や解除権を行使できる（民法564条，559条）。

解答2

請負契約の目的物が種類，品質に関して契約内容に適合しないものであるときの請負人の責任については，売買に関する規定が準用される（民法562条～572条，559条）。そのため，契約不適合の場合の請負人の責任を免除する特約は有効であるが，請負人が知りながら告げなかった事実については，請負人は，契約不適合の場合の責任を免れることはできない（民法572条，559条）。

3 目的物の引渡し前に目的物に損害が生じた場合

□□□ 問題 1
★★

A社とB社との間で，A社の広告用パンフレットの印刷をB社に依頼するという内容の請負契約が締結された。B社は当該パンフレットの印刷を完成し，B社の倉庫で保管していたが，A社，B社双方の帰責事由によらずに当該パンフレットが焼失した。この場合，B社が再度パンフレットの印刷を完成させることが可能であったとしても，民法上，B社がA社に対して負うパンフレットの印刷の完成義務および引渡義務は消滅する。

4 下請負

□□□ 問題 1
★★

民法上一括下請けは禁止されていないので，建設業法上も，建設業者は，請け負った建設工事の全部を一括して，他の建設業者に自由に請け負わせることができる。

解答 1

B社が完成したパンフレットが焼失したことについて，A社・B社の両当事者に帰責事由がないとしても，当初の目的である仕事完成が可能である以上，請負人の仕事完成義務（目的物の引渡義務を含む）は存続する。なお，この場合，請負人の報酬増額請求権は発生しない。そして，約定の期日までにB社がパンフレットを完成させることができないとしても，B社に帰責事由が認められなければ，B社は債務不履行に基づく損害賠償責任を負わない（民法415条1項）。

解答 1

建設業法上，一括下請負は，書面による注文者の承諾がない限り原則として禁止されている。

下請契約	一括下請契約
禁止されていない。	原則：禁止 例外：元請負人があらかじめ発注者の書面による承諾を得たときは許されることもある。

※ 元請負人が施工計画の総合的な企画，下請負人に対する技術指導・監督等，施工管理に具体的，総合的に携わっている場合は，一括下請負とはならない。

第3節 委任を基礎とする契約

ここでは，仲立人と代理商について学習します。かつては，仲立人から1題，代理商から1題というように合計2題出題されていましたが，**最近では，仲立人と代理商のいずれか1題出題というパターンが多いです。**

仲立人の義務と代理商の義務がよく出題されます。

テーマ1 仲立人

□□□ **問題1** ★★

仲立契約は，仲立人と委託者との間で，契約書を作成することにより成立する。

□□□ **問題2** ★★★

商法上，仲立人は，自己の媒介により当事者間に契約が成立しないかぎり，報酬支払いを請求できない。もっとも，仲立人が，報酬支払いを請求できる場合であっても，報酬請求前に委託者との間で仲立契約書を取り交わしている必要がある。

□□□ **問題3** ★

仲立人は，仲立契約において報酬に関する約定をしていなくても，当事者間に商行為が成立した場合，報酬の支払いを請求できる。

□□□ **問題4** ★★★ 重要!

仲立人は，委託者に対して，善管注意義務をもって取引の成立に尽力すべき義務を負う。

□□□ **問題5** ★★★

実務上は，仲立人は，その媒介により当事者間に契約が成立した場合には，結約書を当事者に交付するべきであるが，商法上，この結約書を交付することを義務付けられてはいない。

解答 1 ×

仲立契約は，契約書を作成しなくても，当事者間の合意があれば，成立する。

解答 2 ×

本問前段は正しい。しかし，仲立人は，報酬請求前に結約書の交付手続を終えていなければ，報酬請求できない。仲立契約書ではない。

解答 3 ○

仲立人は商人であるから，委託者との間の仲立契約において報酬に関する約定をしていなくても報酬を請求できる（商法512条）。

解答 4 ○

記述のとおりである（民法644条）。

解答 5 ×

仲立人は，当事者間に契約が成立した場合には，遅滞なく一定の事項を記載した結約書を作成し，署名の上，各当事者に交付しなければならない（商法546条）。

□□□ **問題 6**
★★

商法上，事務処理の便宜のため，仲立人は，自己が媒介した行為につき，当事者のために商品の売買代金等の支払いその他の給付を受領する権限を有するとされている。

□□□ **問題 7**
★★

商法上，仲立人は，帳簿を備え，結約書に掲げた事項を記載して保存しなければならないし，各当事者の請求があればいつでもその帳簿の謄本を交付しなければならない。

□□□ **問題 8**
★★★
重要!

仲立人の媒介により成立した契約の当事者の一方が，その氏名または商号を相手方に示さないように仲立人に命じたとしても，仲立人は，相手方の請求があれば，結約書や帳簿の謄本にその氏名または商号を表示しなければならない。

解答 6

仲立人は，原則として自己が媒介した行為につき当事者のために支払いその他の給付を受領する権限を有さない（商法544条）。

解答 7

記述のとおりである（商法547条）。

解答 8

×

当事者がその氏名・商号を相手方に示さないよう仲立人に命じたときには，仲立人はその命令に従い，結約書・帳簿にも記載してはならない（商法548条）。

□□□ 問題 9
★★

当事者がその氏名・商号を相手方に示さないよう仲立人に命じたときには，仲立人はその命令に従い，結約書・帳簿にも記載してはならない。この場合，氏名等の秘匿を命じた当事者が相手方に対して債務を負ったときは，当該当事者が債務を履行する義務を負い，仲立人は債務を履行する義務を負わない。

テーマ 2 代理商

□□□ 問題 1
★★★

代理商契約で報酬に関する定めがない場合でも，代理商は本人のためになした行為につき，本人に報酬を請求することができる。

解答 9 ×

当事者の氏名を秘匿した場合，仲立人は当該相手方に対して自ら履行する責任を負わなければならない。これを介入義務という（商法549条）。

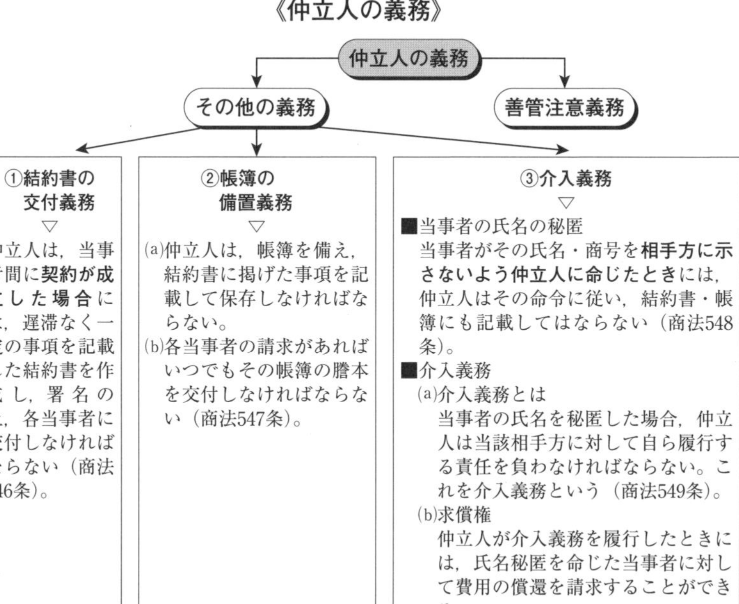

《仲立人の義務》
仲立人の義務
その他の義務
善管注意義務
①結約書の交付義務
仲立人は，当事者間に**契約が成立した場合**には，遅滞なく一定の事項を記載した結約書を作成し，署名の上，各当事者に交付しなければならない（商法546条）。
②帳簿の備置義務
(a)仲立人は，帳簿を備え，結約書に掲げた事項を記載して保存しなければならない。
(b)各当事者の請求があればいつでもその帳簿の謄本を交付しなければならない（商法547条）。
③介入義務
■当事者の氏名の秘匿
当事者がその氏名・商号を**相手方に示さないよう仲立人に命じたとき**には，仲立人はその命令に従い，結約書・帳簿にも記載してはならない（商法548条）。
■介入義務
(a)介入義務とは
当事者の氏名を秘匿した場合，仲立人は当該相手方に対して自ら履行する責任を負わなければならない。これを介入義務という（商法549条）。
(b)求償権
仲立人が介入義務を履行したときには，氏名秘匿を命じた当事者に対して費用の償還を請求することができる。
報酬請求前に結約書の交付手続きを終えていなければ，仲立人は報酬を請求できない。

解答 1 ○

記述のとおりである（商法512条）。

□□□ 問題 2
★★★
重要!

代理商は，取引の代理・媒介をなしたことによって生じた債権が弁済期にあるときは，その弁済を受けるまで本人のために占有する物・有価証券を留置することができる。この権利は，当事者間の特約によって排除できない。

□□□ 問題 3
★★★
重要!

代理商と本人との間では，委任契約または準委任契約が締結されるが，いずれの場合でも，代理商は自己の財産に対するのと同一の注意をもって取引の成立に尽力すべき義務を負う。

□□□ 問題 4
★★

法律上，代理商は，取引の媒介や代理をなした場合は，特約がない限り，遅滞なく本人に対してその旨を通知しなければならない。

□□□ 問題 5
★★★
重要!

代理商は，本人の許可を受けなければ，自己または第三者のために本人の営業・事業の部類に属する取引をすることはできないし，また，本人の許可を受けなければ，本人の営業・事業と同種の事業を行う会社の取締役となることはできない。そして，代理商が本人の許可を得ずに，自己のために本人の営業・事業の部類に属する取引を行ったことにより，本人に損害が生じた場合，当該取引により代理商が得た利益額が本人に生じた損害額と推定される。

解答 2 ×

代理商は，取引の代理・媒介をなしたことによって生じた債権が弁済期にあるときは，その弁済を受けるまで本人のために占有する物・有価証券を留置することができる。この権利は，当事者間に別段の意思表示がない限り認められるものであり，当事者間の特約によって排除できる（商法31条，会社法20条）。

解答 3 ×

設問前段は正しい。しかし，後段が誤りである。すなわち，締約代理商，媒介代理商のいずれの場合も，善管注意義務を負う。

解答 4 ○

記述のとおりである（商法27条，会社法16条）。

解答 5 ○

記述のとおりである（商法28条１項・２項，会社法17条１項・２項）。

《代理商の義務》

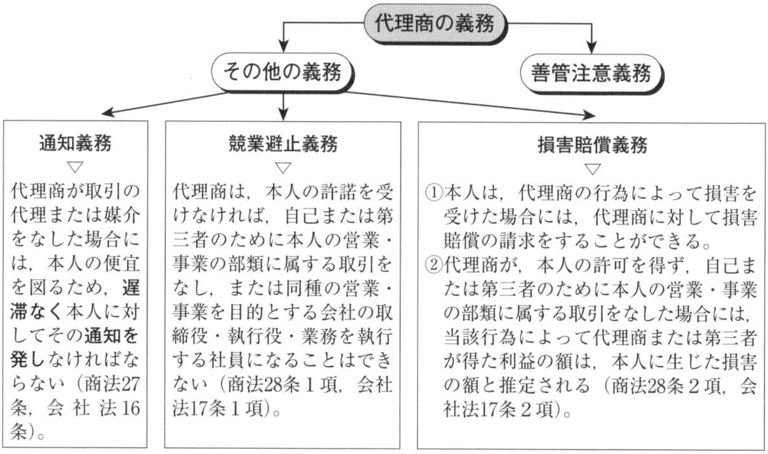

代理商の義務
- 善管注意義務
- その他の義務
  - **通知義務**
    ▽
    代理商が取引の代理または媒介をなした場合には，本人の便宜を図るため，**遅滞なく**本人に対してその**通知を発し**なければならない（商法27条，会社法16条）。
  - **競業避止義務**
    ▽
    代理商は，本人の許諾を受けなければ，自己または第三者のために本人の営業・事業の部類に属する取引をなし，または同種の営業・事業を目的とする会社の取締役・執行役・業務を執行する社員になることはできない（商法28条１項，会社法17条１項）。
  - **損害賠償義務**
    ▽
    ①本人は，代理商の行為によって損害を受けた場合には，代理商に対して損害賠償の請求をすることができる。
    ②代理商が，本人の許可を得ず，自己または第三者のために本人の営業・事業の部類に属する取引をなした場合には，当該行為によって代理商または第三者が得た利益の額は，本人に生じた損害の額と推定される（商法28条２項，会社法17条２項）。

第4節 寄託契約

最近では1年に1題程度出題されます。出題の中心は，倉庫寄託契約ですが，最近では，消費寄託についての出題も増えてきました。

テーマ1 金銭消費寄託契約（預金契約）

□□□ **問題1** ★★

A銀行の預金者Bは，A銀行に普通預金口座を開設した際に，当該預金について預金証書の交付を受けたが，その後，当該預金証書が滅失した場合，民法上，BのAに対する当該預金の払戻請求権は消滅する。また，Bから当該預金の預金通帳および印鑑を盗取したCが，A銀行の窓口に当該預金通帳および印鑑を持参し，偽造した本人確認書類を提示して，預金の払戻しを受けた。この場合，A銀行の窓口で対応した担当者が善意・無過失で当該払戻しをしても，民法上，当該払戻しが有効となることはない。

テーマ2 倉庫寄託契約

□□□ **問題1** ★★

倉庫寄託契約は，民法上の寄託契約の一種であるから，当事者間の合意に加え，倉庫営業者が目的物を受け取らなければ，倉庫寄託契約は成立しない。

□□□ **問題2** ★★★ 重要!

商法上，倉庫営業者が寄託者に対し保管料等の費用を請求できるのは，受寄物を出庫する時である。これは当事者間の特約によっても排除できない。

□□□ **問題3** ★★

商法上，倉庫営業者には受寄物について留置権および動産保存の先取特権は認められない。

解答 1

預金通帳・預金証書は有価証券ではなく，証拠証券にすぎない。預金者が，預金通帳・預金証書を紛失しただけでは預金の払戻しを受ける権利は消滅せず，一定の条件のもと，銀行は預金通帳等の再発行に応じるのが通常である。したがって，設問前段は誤っている。また，「受領権者以外の者であって取引上の社会通念に照らして受領権者としての外観を有するものに対する弁済」でも，弁済者が善意・無過失であれば，当該弁済は有効となる（民法478条）。したがって，設問後段も誤っている。

解答 1
×

寄託契約は，当事者間の意思表示の合致により効力を生じる諾成契約である（民法657条）。

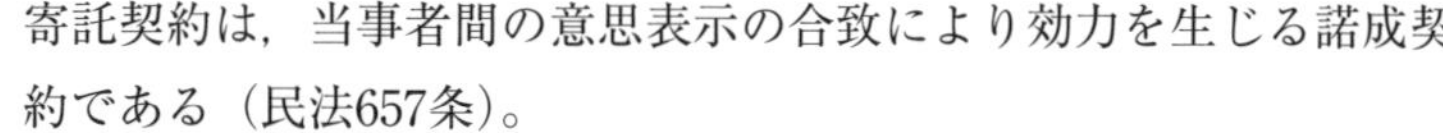

解答 2
×

商法上，保管料の支払時期は受寄物出庫の時とされているが（商法611条），この規定は任意規定であり，特約で排除できる。

解答 3
×

倉庫営業者には受寄物について，留置権（民法295条，商法521条），動産保存の先取特権（民法320条）が認められる。

□□□ **問題 4**
★★

倉庫寄託契約において，保管期間満了後に，寄託者が受寄物の引取りを拒んだ場合であっても，寄託契約が消滅したわけではないので，倉庫営業者には，供託権や競売権は認められない。

□□□ **問題 5**
★★

商法上，倉庫営業者は，寄託物の保管に関し注意を怠らなかったことを証明しない限り，その寄託物の滅失または損傷につき，損害賠償責任を負う。これは当事者間の特約によっても排除できない。

□□□ **問題 6**
★★

倉庫営業者の負う保管義務は没個性的なので，倉庫営業者は，当該受寄物の寄託者の承諾がなくても，自由に他の倉庫営業者に受寄物を保管させることができる。

解答 4

倉庫営業者には供託権・競売権が認められる（商法615条）。

倉庫営業者の権利

①保管料等の支払請求権	②留置権・動産保存の先取特権	③供託権・競売権
倉庫営業者が約定した保管料，立替金その他受寄物に関する費用を請求できるのは，**受寄物出庫の時**である（商法611条）。	倉庫営業者には，留置権（民法295条，商法521条），動産保存の先取特権（民法320条）が認められる。	倉庫営業者には，保管期間満了後に期間の更新も引き取りもされない受寄物について，供託権・競売権が認められている（商法615条）。

解答 5

倉庫営業者（受寄者）の損害賠償責任に関する商法610条は，任意規定であり，これと異なる特約も有効である。約款では損害が倉庫営業者またはその使用人の故意または重過失により生じたことを寄託者側が証明しない限り，倉庫営業者は賠償責任を負わないと規定されている。

解答 6

受寄者は，寄託者の承諾を得たとき，またはやむを得ない事由があるときでなければ，寄託物を第三者に保管させることができない（民法658条２項）。したがって，寄託者の承諾がなく再寄託できるのは，やむを得ない事由があるときに限られるから，本問は誤りである。

□□□ 問題 7
★★★

民法上，期間の定めがある倉庫寄託契約では，その期間が満了するまでは，寄託者は寄託物の返還を請求することはできない。

解答 7 ×

倉庫営業者は，保管期間の有無を問わず，寄託者の請求があれば，いつでも受寄物を返還しなければならない（民法662条１項）。

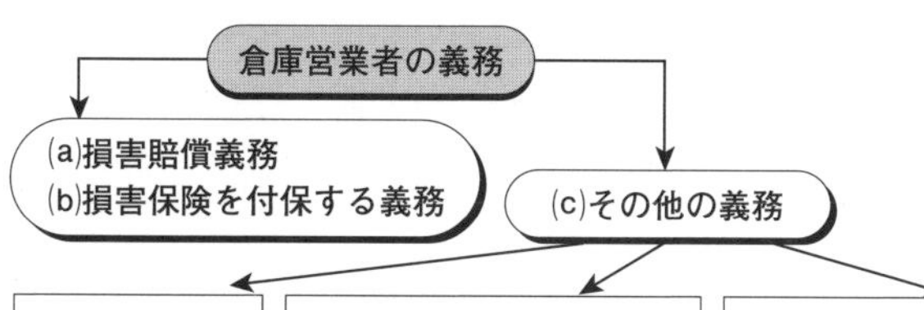

①善管注意義務（商法595条）	②再寄託の禁止（民法658条）	③返還義務
▽ 倉庫営業者は，受寄物をその性質に適する方法で，**善良な管理者の注意義務をもって保管**しなければならない。	▽ 倉庫営業者は，寄託者の承諾を得たとき，またはやむを得ない事由があるときでなければ，寄託物を第三者（他の倉庫営業者等）に保管させること（再寄託）ができない（民法658条２項）。	▽ **保管期間の有無を問わず，**寄託者の請求があれば，いつでも受寄物を返還しなければならない(民法662条１項)。 ただし，倉荷証券が作成された場合には，寄託者は倉荷証券と引換えでなければ寄託物の返還を請求することはできない（商法613条）。

第5節 ファイナンス・リース契約

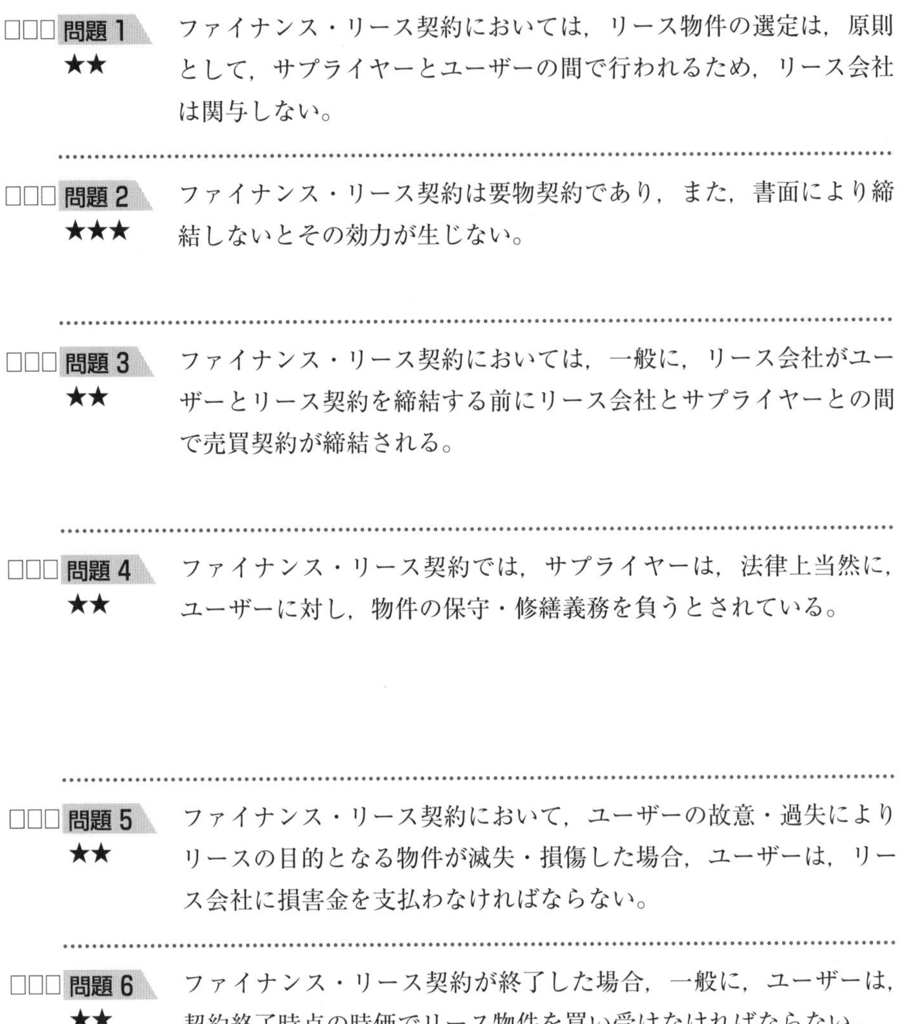

□□□ 問題1 ★★

ファイナンス・リース契約においては，リース物件の選定は，原則として，サプライヤーとユーザーの間で行われるため，リース会社は関与しない。

□□□ 問題2 ★★★

ファイナンス・リース契約は要物契約であり，また，書面により締結しないとその効力が生じない。

□□□ 問題3 ★★

ファイナンス・リース契約においては，一般に，リース会社がユーザーとリース契約を締結する前にリース会社とサプライヤーとの間で売買契約が締結される。

□□□ 問題4 ★★

ファイナンス・リース契約では，サプライヤーは，法律上当然に，ユーザーに対し，物件の保守・修繕義務を負うとされている。

□□□ 問題5 ★★

ファイナンス・リース契約において，ユーザーの故意・過失によりリースの目的となる物件が滅失・損傷した場合，ユーザーは，リース会社に損害金を支払わなければならない。

□□□ 問題6 ★★

ファイナンス・リース契約が終了した場合，一般に，ユーザーは，契約終了時点の時価でリース物件を買い受けなければならない。

解答 1 記述のとおりである。

解答 2 ×

ファイナンス・リース契約は，ユーザーによるリース契約の申込みに対し，リース会社が承諾した時点で成立する（諾成契約）。要物契約ではないし，書面により締結しなくてもその効力は生じる。

解答 3 ×

リース会社がユーザーとリース契約を締結する前にリース会社とサプライヤーとの間で売買契約を締結すると，リース契約が不成立に終わった場合に目的物件がリース会社の在庫になるため，一般に売買契約はリース契約の締結後に締結される。

解答 4 ×

ファイナンス・リース契約では，物件の保守・修繕義務は，ユーザーが負う。サプライヤーは，ユーザーとの間で物件のメンテナンスに関する契約（保守契約）を締結した場合に，このメンテナンス契約に基づいて，ユーザーに対して物件の保守・修繕義務を負うにすぎない。

解答 5 ○

リースの目的となる物件の所有権はリース会社にあるので，物件がユーザーの故意・過失により滅失・損傷した場合，ユーザーは，リース会社に損害金を支払うことになる。

解答 6 ×

リース契約期間が満了した場合の処理としては，①ユーザーが再びその物件を借り直すか（再リース），②物件をリース会社に返還するか（契約終了），あるいは③ユーザーが物件を買い取るか，のいずれかとなる。

第6節 合弁契約

《合弁事業のまとめ》

	組合	株式会社	合同会社	有限責任事業組合
1：構成員の責任	無限責任	有限責任	有限責任	有限責任
2：利益配当	自由	出資比率に応じて分配	定款で定めれば自由	書面で行えば自由
3：法人格の有無	なし	あり	あり	なし
4：持分の譲渡	全員の同意が必要	原則として自由	全員の同意が必要	全員の同意が必要

1 組合企業

□□□ **問題1** ★

組合契約の出資の内容は，金銭に限られる。

□□□ **問題2** ★

合弁事業を行うために，当事者間で民法上の組合契約を締結した場合，当該合弁事業の運営（業務執行）に関しては，組合員である合弁事業に出資した企業の出資比率に応じた決議権に基づき，その過半数で決しなければならず，組合契約においてもこれと異なる定めをすることはできない。

□□□ **問題3** ★★

民法上の組合契約を利用した合弁事業のメリットは，当事者間に合意が成立すれば，契約の効力が発生するので，簡易迅速に合弁事業を開始できる点である。また，合弁事業から生じた利益の配分比率は，出資比率にかかわらず，当事者の合意で自由に決めることができる。

解答 1

×

出資の内容は，金銭に限らず，動産，不動産，特許権，労務等，財産的価値のあるものであればよい。

×

組合の運営（業務執行）は，組合員の過半数で決するのが原則であるが，組合契約によりこれを委任することもできる（民法670条，671条）。従って，組合契約において異なる定めをすることもできる。

○

組合契約を利用した合弁事業のメリットは，①簡易迅速に合弁事業を開始できるという点と②どのような運営方法をとるか，利益配分をどうするかは，組合契約の中で自由に定めることができる柔軟性にある。

これに対して，デメリットは，民法上の組合には法人格がないので，合弁事業を遂行するにあたって権利関係が複雑になりがちである点である。

2 社団企業

□□□ **問題 1**
★★

合弁事業を行うために設立された合弁企業が株式会社の場合でも合同会社の場合でも，当該合弁企業は当事者とは別個の法人格を有する。そして，合弁会社が株式会社の場合には，その株主となった当事者が，当該合弁会社の債権者に対して間接有限責任を負うにすぎない。しかし，合弁会社が合同会社の場合には，その社員となった当事者は，当該合弁会社の債権者に対して直接責任を負う。

□□□ **問題 2**
★

複数の企業が合同会社を利用して合弁契約を行う場合，利益の分配比率は，参加した企業の出資比率に応じて行われなければならない。

解答 1

設問前段は正しい。また，当該合弁会社の株主となった当事者が間接有限責任を負うにすぎないことも正しい。しかし，合同会社の社員は，当該合同会社の債権者に対して間接有限責任を負うにすぎないから，その点が誤っている。

解答 2

×

合同会社の内部関係については組合的規律が適用され，意思決定や利益分配の方法を定款で自由に定めることができる。

第7節 電子商取引

ほぼ毎回，1題出題されます。出題されるところが決まっているので，比較的点数を取りやすい分野です。

1 電子消費者契約

□□□ **問題1** ★★

電子消費者契約において承諾の意思表示を電子メールで行う場合には，承諾の意思表示を相手方に発信した時点で契約が成立する。

□□□ **問題2** ★★★

A社ウェブサイト上の店舗の商品を気に入った消費者Bは，当該商品を申し込み，購入した。その際，Bは未成年者であるにもかかわらず，その旨をA社に明示していなかった。この場合，A社が購入画面上に年齢確認の項目を設けているか否かを問わず，Bは本件契約を取り消すことはできない。

□□□ **問題3** ★

A社ウェブサイト上の店舗の商品を気に入った消費者Bは，当該商品の購入を申し込む旨の電子メールを送信した。当該電子メールに通信トラブルによるデータ化けが生じ，解読不能の状態になった場合，当該商品の売買契約は不成立となる。

解答 1

意思表示は，その通知が相手方に到達した時からその効力を生ずる（民法97条１項）。電子消費者契約にも民法97条１項は適用されるから，電子消費者契約において承諾の意思表示を電子メールで行う場合には,承諾の意思表示が相手方に到達した時点で契約が成立する。

解答 2

インターネット取引にも未成年者による契約の取消しに関する民法の規定の適用がある。そして，未成年者は，詐術を用いれば，取り消せなくなるが（民法21条），これにあたるのは，年齢の確認を求められたにもかかわらず（申込画面に年齢を入力する欄が設けられているような場合），未成年者が年齢を偽るなどの行為を行った場合である。

解答 3

記述のとおりである。

契約が不成立となる場合	契約が錯誤により取消しとなる場合
①データが相手方に到達しなかった場合 ②データ化けが起こってデータの内容が解読不能になった場合	①データ化けにより内容が異なって伝わった場合 ②改ざんにより内容が異なって伝わった場合

□□□ **問題 4**
★★★
重要!

A社ウェブサイト上の店舗の商品を気に入った消費者Bは，当該商品の購入を申し込む旨の電子メールを送信した。A社が当該ウェブサイトの画面上で消費者の申込みの意思を確認するための措置を講じていない場合において，Bは，コンピュータのキー操作を誤り商品の購入個数を間違えて入力したので，申込みの錯誤による取消しを主張した。この場合，A社は，Bに重大な過失があったことを理由に当該意思表示は取り消すことができない旨を主張することができる。

2 電子商取引と各種消費者保護法

□□□ **問題 1**
★★

電子消費者契約，すなわち，インターネットを利用して事業者と消費者との間で締結される契約には，消費者契約法，景品表示法，特定商取引法，割賦販売法などの消費者を保護するための法律が適用される。

□□□ **問題 2**
★★★

電子署名及び認証業務に関する法律（電子署名法）上，電磁的記録であって情報を表すために本人や企業の代表者が作成したものは，当該電磁的記録に記録された情報について当該本人あるいは当該代表者による電子署名が行われているときには，真正に成立したものと推定される。

解答 4 ×

電子消費者契約については，事業者が操作ミスを防ぐための措置を講じていない場合には，たとえ消費者に重過失があったとしても，操作ミスにより行った意図しない契約について錯誤による取消しの主張を認め，事業者からの重過失の主張を認めない（電子消費者契約法3条）。

解答 1 ○

記述のとおりである。

解答 2

記述のとおりである。

第8節 損害賠償に関する法律関係

毎回，2題～3題程度出題されます。かつては，7題前後出題されていましたが，最近では，ずいぶん出題数が減ってきました。法律を理解する上で非常に重要な分野です。

テーマ1 不法行為の効果

□□□ **問題1** ★★

歩道を歩いていた自営業者のAは，スマートフォンを操作して前方を見ずに猛スピードで自転車を運転していたBに追突され，負傷した。Aは，その治療のため入院することになり，その間仕事を休業することとなった。この場合，Aは，Bに対して，現実に出費された治療費については損害賠償を請求することはできるが，休業により得られなくなった収入分についての損害賠償を請求することはできない。

□□□ **問題2** ★★

売買契約の締結後，目的物の価格が高騰していたが，約定の引渡期日が到来したにもかかわらず，売主の帰責事由により買主は目的物の引渡しを受けられなかった。買主が当該売買契約を解除し，売主に損害賠償を請求する場合，売主が当該売買契約の締結当時，当該目的物の価格の高騰を予見すべきであったときは，買主は，その高騰した価格による損害賠償を請求することができる。

テーマ2 損益相殺・過失相殺

1 損益相殺

□□□ **問題1** ★★ 重要!

任意加入の生命保険金や被害者が友人や知人から受け取った見舞金も，損益相殺の対象となる。

解答1 ×

休業損害のような逸失利益も損害に含まれる。

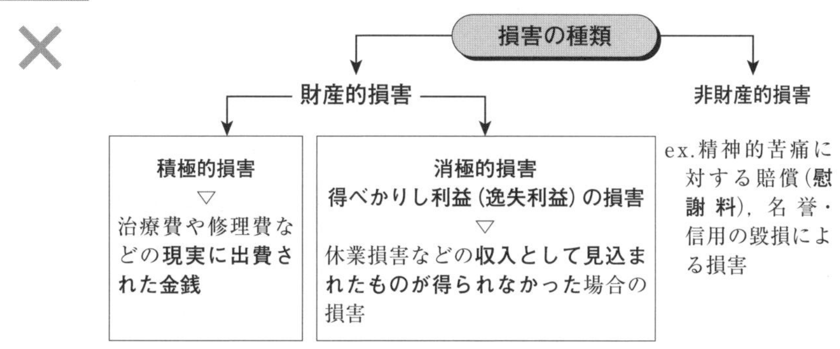
損害の種類
財産的損害
非財産的損害
積極的損害
▽
治療費や修理費などの現実に出費された金銭
消極的損害
得べかりし利益（逸失利益）の損害
▽
休業損害などの収入として見込まれたものが得られなかった場合の損害
ex.精神的苦痛に対する賠償（慰謝料），名誉・信用の毀損による損害

解答2 ○

債務不履行による損害賠償の範囲は，債務不履行によって通常生ずべき損害（通常損害）がこれに含まれる。また，契約締結後に価格が騰貴したなどの特別の事情によって生じた損害であっても，当事者がその事情を予見すべきであったときの損害（特別損害）であれば，これに含まれる（民法416条）。

解答1 ×

任意加入の生命保険金や傷害保険金は損益相殺の対象とはならない。また，香典・見舞金も損益相殺の対象とはならない。

2 過失相殺

□□□ 問題 1
★★★

加害者のみならず被害者にも過失があり，それが損害の発生や拡大の一因になった場合，損害の公平な分担という観点から，裁判所は，損害賠償額算定の際に，被害者の過失を考慮することができる。

□□□ 問題 2
★

交通事故の事例において幼児が被害者の場合，幼児に対する監督義務違反等の親権者の過失があったとしても，幼児には事理弁識能力がないので，損害賠償額の算定にあたって親権者の過失を考慮することは許されない。

テーマ3 債務不履行責任と不法行為責任の関係

《債務不履行責任と不法行為責任》

	債務不履行責任（民法415条）	不法行為責任（民法709条等）
損害賠償の方法	原則として金銭賠償	原則として金銭賠償
(1)過失の立証責任	債務者が契約その他の債務の発生原因および取引上の社会通念に照らして自己の帰責事由によるものでないことを立証しなければならない。	債権者（被害者）が債務者（加害者）の過失を立証しなければならない。
(2)消滅時効	債権者が権利を行使することができることを知った時（主観的起算点）から5年または権利を行使できる時（客観的起算点）から10年（民法166条1項） ただし，人の生命又は身体の侵害による損害賠償請求権の客観的起算点からの消滅時効期間は20年（民法167条）	損害及び加害者を知った時から3年or行為の時から20年（民法724条） ただし，人の生命又は身体を害する不法行為による損害賠償請求権の主観的起算点からの消滅時効期間は5年（民法724条の2）
(3)過失相殺	責任の減免可能＆必要的考慮（民法418条）	減額に限る（責任の免除不可）＆任意的考慮（民法722条2項）
(4)失火責任法	適用なし	適用あり

□□□ 問題 1
★★

債務不履行に基づく損害賠償請求を行う場合，債権者が債務者に帰責事由があったことを主張立証しなければならない。

解答１ 記述のとおりである。過失相殺。

解答２ 被害者が事理弁識能力のない子供であっても，その両親の監督義務違反が事故の原因の一つであると考えられる場合には，その両親の監督義務違反を被害者側の過失ととらえて過失相殺をすることが認められる。

解答１ 債務者が契約その他の債務の発生原因および取引上の社会通念に照らして自己の帰責事由によるものではないことを立証しなければならない（民法415条１項）。

□□□ **問題 2** ★★★ 重要!

Xは，自転車で走行中にわき見をしていて，歩行中のYと衝突し，Yを負傷させた。YがXを被告として損害賠償請求訴訟を提起した場合，Yの損害賠償請求が認められるためには，Yが，Xにわき見運転などの過失があったことを主張・立証しなければならない。

□□□ **問題 3** ★★

不法行為に基づく損害賠償請求権は，被害者が損害および加害者を知った時から3年間行使しないときは，時効によって消滅することがある。

テーマ4 金銭債務の場合の特則

□□□ **問題 1** ★★★

A株式会社は，B株式会社との間で，商品XをB社に販売する旨の売買契約を締結した。A社が商品XをB社に引き渡したにもかかわらず，B社は，約定の期日に売買代金の支払債務を履行しなかった。この場合，民法上，B社は不可抗力を理由としてA社に対する損害賠償責任を免れることができる。また，A社は代金支払いの遅延により被った損害を証明しなければ，B社に対し，債務不履行に基づく損害賠償を請求することができない。

テーマ5 使用者責任

□□□ **問題 1** ★★★

A株式会社の経営する体操教室での授業中，A社の従業員である担当インストラクターBの行為により，生徒Cが負傷し，Cは治療費等20万円の損害を被った。この場合，民法上，Bの行為が不法行為責任の要件を充たすときは，A社は，Cに対して使用者責任を負うが，Bの行為が不法行為責任の要件を充たさないときは，A社は，Cに対して使用者責任を負わない。

解答 2

○

不法行為に基づく損害賠償請求をする場合，被害者は，加害者の故意または過失の存在について主張，証明責任を負う。

解答 3

○

不法行為に基づく損害賠償請求権は，被害者が損害および加害者を知った時から３年間行使しないときや不法行為の時から20年を経過したときは，時効によって消滅することがある（民法724条）。

解答 1

×

金銭債務の支払いが遅滞した場合，債務者が不可抗力を理由として債務不履行責任を免れることはできない。また，実際に生じた損害額は問題とならない。この場合，法定利率または約定利率による遅延利息を支払わなければならない。

解答 1

記述のとおりである。

【民法715条の要件】
①ある事業のために「他人を使用する」こと
②「事業の執行について」損害を加えたこと
③第三者への加害行為であること
④被用者に不法行為（民法709条）の要件が備わっていること
⑤使用者に免責事由がないこと

使用者責任（民法715条）の成立要件として，被用者に不法行為責任（民法709条）の要件が備わっていることが必要である。

□□□ **問題 2** ★★

A株式会社の経営する体操教室での授業中，A社の従業員である担当インストラクターBの過失により，生徒Cが負傷し，治療費等20万円の損害を被った。A社は，Bの選任および監督について相当の注意をしたことを証明しても，Cの負傷について使用者責任を免れることはできない。

□□□ **問題 3** ★★

A株式会社の経営する体操教室での授業中，A社の従業員である担当インストラクターBの過失により，生徒Cが負傷し，治療費等20万円の損害を被った。A社は，Cに対して使用者責任に基づき損害を賠償したときは，Bに対して，求償権を行使することができる。

テーマ6 共同不法行為

□□□ **問題 1** ★

AとBが運転する自動車が衝突し，たまたま通りかかったCは当該交通事故に巻き込まれて負傷し，治療費等20万円の損害を被った。CがA・Bに20万円の損害賠償を請求する場合，Cは当該交通事故について，A・B間に共謀や共同の認識があったこと等を主張立証しなければならない。

□□□ **問題 2** ★

AとBが運転する自動車が衝突し，たまたま通りかかったCは当該交通事故に巻き込まれて負傷し，治療費等20万円の損害を被った。CがAに対して被った損害の全部を賠償請求した場合，AはBに弁済の資力があることを証明すれば，損害賠償責任を負わない。

解答 2

使用者は，被用者の選任・監督について相当の注意をしたことなどを証明すれば，使用者責任を免れる（民法715条１項）。

解答 3

記述のとおりである（民法715条３項）。

解答 1

加害者側に共謀や共同の認識等がなくても共同不法行為（民法719条）は成立する。したがって，被害者は加害者の共謀や共同の認識等を主張立証しなくてもよい。

解答 2

数人が共同の不法行為によって他人に損害を加えた場合，共同行為者は，各自連帯して損害賠償責任を負う（民法719条）。

テーマ7　土地工作物責任と安全配慮義務

□□□ 問題1
★★★
重要!

Ａ社は，自己の所有する甲建物をＢに賃貸し，Ｂはそこで飲食店を経営していたが，給湯施設の瑕疵により有害な細菌が繁殖し，Ｂの提供する料理に混入した。そのため，来客Ｃは食中毒に罹患し，治療費等20万円の損害を被った。当該給湯施設は，当該建物の一部を構成し容易に取り外すことのできないものであり，その瑕疵は，当該給湯器メーカーの設計ミスによるものであった。ＣがＢ・Ａに対して土地工作物責任を追及するためには，当該給湯施設の設置・保存に瑕疵があることを立証する必要があるだけでなく，本件事故についてＢ・Ａに故意または過失があったことを立証しなければならない。

解答１　民法717条の土地工作物責任

①土地工作物の設置・保存に瑕疵があり，それによって他人に損害を生じたときは，土地工作物の占有者（施設の管理者）が損害の発生を防止するのに必要な注意をしたこと（無過失）を証明しない限り，第一次的に，占有者が損害賠償責任を負う（過失の立証責任の転換）。

②占有者が無過失を証明して責任を免れる場合には，第二次的に，その土地工作物の所有者が損害賠償責任を負い，この所有者の責任は無過失責任である。

よって，Ｃは，当該給湯施設の設置・保存に瑕疵があることを立証する必要はあるが，占有者Ｂや所有者Ａに故意または過失があることを立証する必要はない。

【民法717条の条文構造】
占有者に過失
　あり→占有者が責任を負う。
　　VS
　なし→占有者は責任を負わない。**→所有者**が責任を負う（所有者の責任は**無過失責任**）。

問題 2 A社は，B社が所有するビル甲を賃借し，そこでスポーツクラブを経営していた。Cは，A社の会員となる施設利用契約をA社と締結し，ビル甲内のスポーツ施設を利用していたが，そのスポーツ施設内において照明灯が落下したために負傷した。

□□□ ★★★ 重要！
ア．照明灯が落下した原因は，照明灯の設置保存に瑕疵があることであった。この場合，A社やB社について，民法717条の土地工作物責任が問題となるが，A社もB社も，損害の発生を防止するのに必要な注意をしたことを証明すれば，土地工作物責任を免れる。

□□□ ★
イ．A社は，Cとの間の施設利用契約に基づき，Cに本件スポーツ施設を利用させる義務を負うが，Cに本件スポーツ施設を利用させていた以上，Cに対して，土地工作物責任に基づく不法行為責任を負うことはあるが，債務不履行責任を負うことはない。

テーマ 8 自動車事故

□□□ **問題 1** ★★
自動車の所有者は，運転しているか否かにかかわらず運行供用者責任を負うことがある。この運行供用者責任は，対人事故のみならず，対物事故の場合にも生ずる。

□□□ **問題 2** ★★
運行供用者が自動車を運行中に事故を起こして人を負傷させた場合であっても，当該運行供用者が自動車の運行に関して注意を怠らなかったことのみを証明すれば，自動車損害賠償保障法上の運行供用者としての損害賠償責任を免れる。

解答 2

ア. ×
占有者であるA社は，損害の発生を防止するのに必要な注意をしたことを証明すれば，土地工作物責任を免れるが，所有者の土地工作物責任は無過失責任なので，所有者であるB社は，損害の発生を防止するのに必要な注意をしたことを証明しても，土地工作物責任を免れることはできない。

イ. ×
施設の管理者は，施設の利用者との間の施設利用契約に基づき，施設利用者の生命・身体等を危険から保護するよう配慮する義務（安全配慮義務）を負うことがあり，施設の管理者がこの安全配慮義務に違反した場合，施設の管理者は，施設利用者に対して，債務不履行責任を負う（民法415条）。

解答 1
×
設問前段は，正しい。しかし，後段が誤りである。自賠法は，人の生命・身体を害した場合（対人事故）のみ適用され，物損は適用対象外である。

解答 2
×
①自己および運転者が自動車の運行に関して注意を怠らなかったこと，②被害者または運転者以外の第三者に故意・過失があったこと，③自動車の構造上の欠陥または機能上の障害がなかったことのすべてを証明しないと免責されない。

テーマ9 製造物責任

1 製造物責任法と民法との関係

□□□ 問題 1 ★★

消費者が製造物の欠陥により拡大損害を被った場合，被害者は，当該製造物の製造業者等に故意または過失があったことや，当該損害と製造物の欠陥との間の因果関係を証明しなければ，製造業者等に製造物責任法上の責任を追及することができない。

2 製造物の意義

□□□ 問題 1 ★★ 重要!

製造物責任法の対象とされる「製造物」とは，「製造又は加工された動産」である。したがって，これには，サービスや不動産は含まれない。

□□□ 問題 2 ★★

A株式会社が経営するスーパーマーケットで，消費者Bは，A社の提携農家Cが生産した白菜を購入した。当該白菜は「A社特選」との表示がなされ，未加工のままで販売されていた。Bは，当該白菜を購入当日に食べたところ，それに付着していた細菌が原因で食中毒を起こした。BはA・Cに対し，製造物責任法に基づき損害賠償を請求することができる。

3 欠陥の意義

□□□ 問題 1 ★★★

製造物責任法上，製造物の欠陥には，取扱説明書や警告ラベルの貼付によって消費者に知らせることを怠った「指示・警告上の欠陥」は含まれない。

解答 1

×

製造物責任法では，製造物に欠陥があれば，製造業者等の故意あるいは過失という主観的な態様を証明することは不要である。なお，被害者は当該損害と欠陥との間の因果関係は立証しなければならない。

解答 1

○

製造物責任法における「製造物」とは，「製造又は加工された動産」である（製造物責任法２条１項）。したがって，サービスや不動産は製造物に該当しない。

解答 2

×

製造物責任法における「製造物」とは，「製造又は加工された動産」である（製造物責任法２条１項）。したがって，未加工の農林水産物や鉱物には製造物責任法は適用されない。

解答 1

×

製造業者等が，製造物から除去することができない危険を取扱説明書や警告ラベルの貼付等によって消費者に警告をしなかったという「指示・警告上の欠陥」がある場合には，製造業者等は製造物責任を負う。

設計上の欠陥	たとえば，自動車のガソリンタンクの位置・構造に設計上の問題があり，自動車事故時に炎上しやすいような場合
製造上の欠陥	たとえば，機械のネジが一部取り付けられていなかった場合
指示・警告上の欠陥	たとえば，製品に存在する危険を取扱説明書や警告ラベルの貼付によって消費者に知らせることを怠った場合

4 製造業者等の意義

□□□ 問題 1 ★★

製造物責任法上，製造業者等には，外国から輸入された製造物の輸入業者は含まれない。

□□□ 問題 2 ★★★ 重要!

いわゆるOEM契約に基づき他社が製造した製品の供給を受け，自社の商号をその製造業者として表示していた場合には，当該製品の欠陥によってその購入者が負傷したときは，購入者は，製造物責任法に基づき当該OEM契約の供給を受けた企業に損害賠償を請求することができる。

□□□ 問題 3 ★★

メーカーから製造物を購入し，消費者に販売する販売業者は，原則として，製造物責任法上の製造業者等に含まれない。

5 拡大損害

□□□ 問題 1 ★★★ 重要!

Aは家電販売店で家電品の製造メーカーであるB社が製造した電子レンジを購入して，通常の用法に従って，使用していたが，当該電子レンジの欠陥が原因で出火した。製造物責任法に基づく損害賠償責任が成立するためには，製造物の欠陥によって人の生命または身体に被害が生じる必要であるから，当該電子レンジ自体が使用不能になったが，他に損害が生じなかった場合や当該電子レンジ自体が使用不能になり，それに加えて当該電子レンジ以外の物に損害が拡大しただけの場合は，Aは，B社の製造物責任を追及することはできない。

解答 1

輸入業者も製造業者等に該当する。

解答 2

○

製造業者として当該製造物にその氏名，商号，商標その他の表示をした者，または当該製造物にその製造業者と誤認させるような氏名等の表示をした者も，製造物責任を負う「製造業者等」に含まれる。

解答 3

記述のとおりである。

解答 1

×

発生した損害が当該製造物自体に限られる場合は製造物責任法の適用はないから，当該電子レンジ自体が使用不能になったが，他に損害が生じなかった場合には，Aは，B社の製造物責任を追及することはできない。しかし，製造物責任法は，製造物の欠陥によって人の生命または身体に被害が拡大した場合だけでなく，製造物の欠陥によって人の財産に被害が拡大した場合にも適用される。したがって，当該電子レンジ自体が使用不能になり，それに加えて当該電子レンジ以外の物に損害が拡大した場合には，Aは，B社の製造物責任を追及することができる。

第2章

債権の管理と回収

第1節 日常的な債権の管理 ― 物的担保

毎回2題程度出題されます。抵当権と譲渡担保権が重要です。

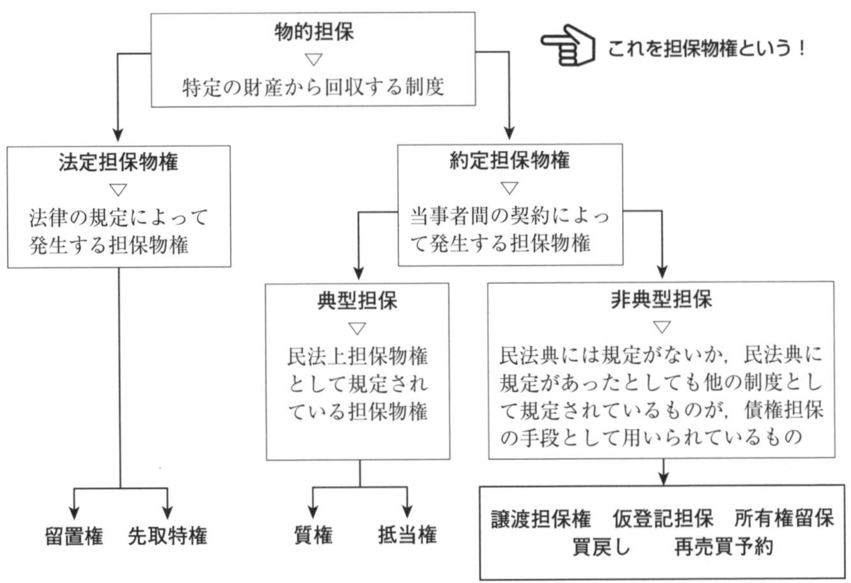

物的担保
▽
特定の財産から回収する制度
これを担保物権という！
法定担保物権
▽
法律の規定によって発生する担保物権
約定担保物権
▽
当事者間の契約によって発生する担保物権
典型担保
▽
民法上担保物権として規定されている担保物権
非典型担保
▽
民法典には規定がないか，民法典に規定があったとしても他の制度として規定されているものが，債権担保の手段として用いられているもの
留置権
先取特権
質権
抵当権
譲渡担保権　仮登記担保　所有権留保
買戻し　再売買予約

テーマ1 抵当権

1 抵当権とは

□□□ 問題1
★★★

重要！

A銀行は，Bに金銭を貸し付け，Bが所有する甲建物に抵当権の設定を受け，その登記を了した。Bは，甲建物をCに賃貸している。A銀行は，抵当権に基づく物上代位権を行使して，甲建物の賃料がCからBに支払われる前にBのCに対する賃料債権を差し押さえ，この賃料から優先弁済を受けることができる。

解答１ 抵当権には物上代位性がある。

	附従性	随伴性	不可分性	物上代位性	優先弁済的効力	留置的効力
抵当権	○	○	○	○	○	×

2 法定地上権

□□□ **問題 1**
★★★
重要!

A銀行は，B社に対する貸金債権の担保として，B社が所有している甲土地に抵当権の設定を受け，その登記を経た。その後，B社は甲土地上に乙建物を建てた。A銀行の抵当権が実行されても，乙建物のために法定地上権は成立しないが，このような場合には，A銀行は甲土地とともに乙建物を一括して競売に付し，両方の不動産の競売代金全額から一般債権者に優先して弁済を受けることができる。

□□□ **問題 2**
★★

抵当権設定当時，土地と建物の所有者が異なっていても，原則的に法定地上権の成立は認められる。

3 抵当権登記後の賃借権についての抵当権者の同意（民法387条），建物明渡猶予制度（395条）

□□□ **問題 1**
★

A銀行は，B社に対する貸金債権を被担保債権として，B社所有の甲建物に抵当権の設定を受け，その登記も了した。その後，B社は甲建物をC社に賃貸したが，その時点で甲建物に抵当権を有しているのは，A銀行だけであった。A銀行の抵当権の実行により甲建物が競売に付され，D社が甲建物を競落した場合，C社の賃借権が登記されており，C社の賃借権に対抗力を付与することについてA銀行の同意があり，その同意の登記も経ていれば，C社は，D社に対して甲建物の賃借権を対抗することができる。

解答 1

法定地上権の成立要件は，①「抵当権設定当時，土地の上に建物が存在したこと」，②「抵当権設定当時，同一人がその土地と建物を所有していたこと」，③「両者（土地と建物）の一方または双方に抵当権が設定され，競売の結果，別々の所有者が両者を所有するに至ること」の3つである。

したがって，法定地上権が成立しないという部分は正しい。また，土地（更地）に抵当権が設定された場合で，その後，その土地上に建物が建てられた場合には，土地抵当権者は，土地と建物を一括競売することができる。しかし，一括競売において，抵当権者が優先弁済を受けられるのは，土地の競売代金のみに限られる。したがって，A銀行が優先弁済を受けられるのは，甲土地の競売代金についてのみである。

解答 2

×

法定地上権の成立要件②（上記**解答 1**参照）を欠き，法定地上権は成立しない。

解答 1

抵当権登記後の賃借権についての抵当権者の同意制度とは，抵当権登記後に抵当権の設定された建物などを賃借する者が，賃借権の登記をするとともに，賃借権登記前に登記をした全抵当権者の同意を得てその旨の登記をした場合には，当該賃借権を抵当権者に対抗できるとする制度である（民法387条）。

【抵当権登記後の賃借権についての抵当権者の同意の要件】

①賃借権の登記があること。
②賃借権登記前に登記をした全抵当権者の同意を得ること。
③その旨の登記（同意の登記）をしていること。

□□□ **問題 2**
★★

A銀行は，Bに対して貸金債権を有しており，この貸金債権を担保するために，Bが所有する甲建物に抵当権の設定を受け，その登記を完了した。Bは，甲建物をCに賃貸しているが，その賃借権の登記はされていない。Cが甲建物の引渡しを受けたのは，本件抵当権の設定登記の後であった。A銀行の抵当権の実行により，Dが甲建物を競落し，DがCに対して，甲建物の明渡しを請求した場合，当該Dの請求は直ちに認められるとは限らない。

4 抵当不動産の第三取得者の地位

□□□ **問題 1**
★★

A銀行は，Bに対して貸金債権を有しており，この貸金債権を担保するために，B所有の甲建物に抵当権の設定を受け，その登記を了した。その後，Bは甲建物をCに売却した。この場合CはAに対して抵当権の消滅を請求することは一切できない。

5 根抵当権

(1) 根抵当権とは

□□□ **問題 1**
★★

A株式会社は，B株式会社に対する継続的な商品の販売契約に基づく売買代金債権の担保として，B社の所有する不動産に極度額3000万円の根抵当権の設定を受けている。A社が，B社に対して売買代金債権のほかに貸金債権を有している場合，当該貸金債権は本件根抵当権の被担保債権になる。

□□□ **問題 2**
★★★
重要!

根抵当権の元本が確定して，確定根抵当権に基づく競売がなされたが，根抵当権者以外に配当を受ける債権者が存在しなかった。この場合，根抵当権の元本が確定した時点における被担保債権の元本，利息，遅延損害金の合計額が極度額を超えていれば，根抵当権者は，当該競売代金から極度額を超える部分についても配当を受けることができる。

解答 2

○

抵当権者に対抗できない建物賃借権の賃借人であっても，競売開始前から使用・収益を行っているものは，建物の買受人の買受けの時点から6カ月を経過するまでは，その建物を買受人に引き渡さなくてもよい（民法395条）。

解答 1

×

抵当権消滅請求制度が認められている（民法379条）。第三取得者は，抵当権者に対して，民法所定の書面を送付することによって抵当権消滅請求を行うことができる（民法383条）。

解答 1

×

根抵当権とは，一定の範囲に属する不特定の債権を極度額の範囲内で担保する抵当権である（民法398条の2）。本問の貸金債権は根抵当権の被担保債権の範囲に含まれない。

解答 2

×

他に配当を受けるべき債権者がいなくても，根抵当権者は，極度額を超える部分については配当を受けることができないというのが判例の立場である。

(2) 根抵当権における元本の確定

□□□ **問題 1** ★★

根抵当権の元本確定後は，普通の抵当権と同様に，実行が可能である。

□□□ **問題 2** ★★★

根抵当権の元本確定前に，根抵当権者と根抵当権設定者との間の合意により極度額を変更することができる。その際には，後順位抵当権者等の利害関係者の承諾を得なければならない。

解答 1

○

元本が確定すると，根抵当権は確定根抵当権となる。確定根抵当権は，普通の抵当権とほとんど同じ扱いになり，その実行等が可能となる。

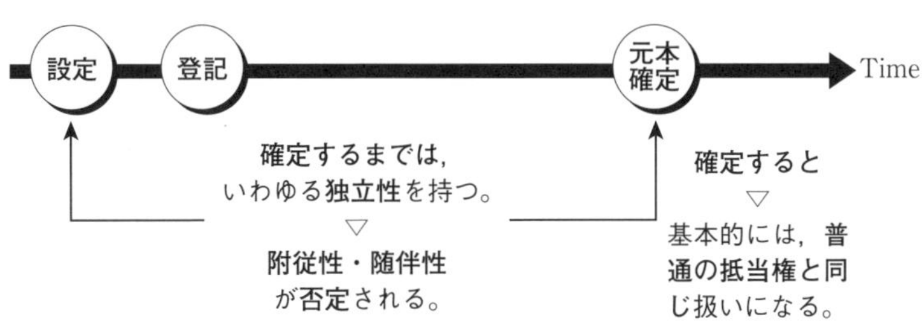

解答 2

○

極度額の変更は後順位抵当権者や差押債権者などの利害に関わるので，当事者の合意のみならず，これら利害関係人の承諾を必要とする（民法398条の５）。

	極度額の変更	元本確定期日の変更
利害関係人の承諾	必要	不要

□□□ **問題３** ★★

根抵当権の元本の確定期日を定めなかった場合，根抵当権者および根抵当権設定者のいずれも，いつでも元本の確定を請求することができ，元本確定請求がなされた時に元本が確定する。

(3) 根抵当権の消滅

□□□ **問題１** ★★

Ａ社はＢ社への代金債権を担保するために，Ｂ社の親会社Ｃ社が所有する甲土地に極度額を5000万円とする根抵当権の設定を受け，その旨が登記された。本件根抵当権の元本確定期日において，Ａ社のＢ社に対する被担保債権額は7000万円であった。この場合，Ｃ社が本件根抵当権の消滅を請求するには，Ｃ社が本件根抵当権の極度額に相当する5000万円をＡ社に支払うだけでは足りず，本件根抵当権の被担保債権の全額である7000万円をＡ社に支払わなければならない。

解答 3

×

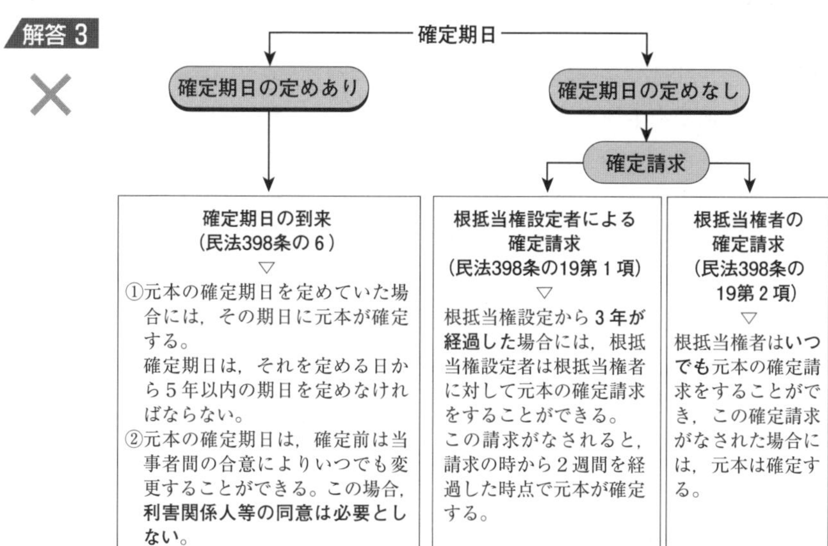

確定期日
確定期日の定めあり
確定期日の定めなし
確定請求
確定期日の到来
（民法398条の６）
①元本の確定期日を定めていた場合には，その期日に元本が確定する。
確定期日は，それを定める日から５年以内の期日を定めなければならない。
②元本の確定期日は，確定前は当事者間の合意によりいつでも変更することができる。この場合，利害関係人等の同意は必要としない。
根抵当権設定者による確定請求
（民法398条の19第１項）
根抵当権設定から３年が経過した場合には，根抵当権設定者は根抵当権者に対して元本の確定請求をすることができる。
この請求がなされると，請求の時から２週間を経過した時点で元本が確定する。
根抵当権者の確定請求
（民法398条の19第２項）
根抵当権者はいつでも元本の確定請求をすることができ，この確定請求がなされた場合には，元本は確定する。

解答 1

×

元本確定後に，その確定した被担保債権額が確定根抵当権の極度額を上回っている場合，物上保証人は，極度額に相当する金額を根抵当権者に支払うかまたは供託することによって根抵当権の消滅を請求することができる（民法398条の22第１項）。

6 共同抵当

□□□ 問題 1
★★

A社は，B社に金銭を貸し付け，その担保として，B社所有の甲土地と乙土地を共同抵当として抵当権の設定を受け，その旨の登記を経た。この場合，A社は，抵当権を実行するために，甲土地と乙土地の両方について同時に競売の申立てをすることもできるし，先に甲土地または乙土地についてのみの競売の申立てをし，次に乙土地または甲土地について競売の申立てをすることもできる。

□□□ 問題 2
★

A社は，B社に対する4000万円の貸金債権を被担保債権として，B社所有の甲土地および乙土地に共同抵当権の設定を受け，その設定登記を経た。その後，A社が甲土地および乙土地について同時に抵当権を実行し，甲土地の競売代金が3000万円，乙土地の競売代金が2000万円であったときは，A社は，甲土地から3000万円，乙土地から1000万円の配当を受ける。

□□□ 問題 3
★

A社は，B社に対する4000万円の貸金債権を被担保債権として，B社所有の甲土地および乙土地に共同抵当権の設定を受け，その設定登記を経た。その後，A社は甲土地について競売を申し立てて3000万円の配当を受けた。この場合，A社は，被担保債権全額の弁済を受けていなくても，続いて乙土地について競売を申し立てて配当を受けることはできない。

テーマ2 譲渡担保

1 譲渡担保の設定

□□□ 問題 1
★★★

A社は，B社に対する貸金債権の担保として，B社所有の甲建物について譲渡担保権の設定を受けることとした。この場合，A社・B社間の甲建物について譲渡担保権を設定することの合意に加えて，B社がA社に甲建物を引き渡さないと譲渡担保権の効力は生じないから，当該譲渡担保権の設定後は，B社は甲建物を使用することはできない。

解答 1

○

共同抵当権者は同時配当によることも，異時配当によることも自由に選択できる。また，共同抵当権者は，異時配当の場合，いずれの抵当不動産を先に実行するかについても自由に選択できる。

解答 2

×

同時配当の場合には，各不動産の価額に応じ，按分して債権の負担が分けられる。したがって，甲土地から2400万円，乙土地から1600万円の配当を受けることになる。

解答 3

×

異時配当の場合には，共同抵当権者はその代価につき債権の全部の優先弁済を受けることができる。この場合，先に競売を申し立てた不動産から被担保債権全額の弁済を受けられなかったときは，共同抵当権者は，続いて別の共同抵当不動産について競売を申し立てて配当を受けることができる。

解答 1

×

譲渡担保権設定契約は，当事者間の設定の合意で成立し，目的物の占有を譲渡担保権者に移転することは不要である（諾成契約）。したがって，譲渡担保権を設定しても，当事者間の合意により，設定者が引き続き目的物を使用することもできる。

□□□ 問題 2 ★★

債権者が，債務者が第三債務者に対して有する債権に譲渡担保の設定を受ける場合，債権者，債務者の合意のみならず，当該第三債務者も当該譲渡担保設定契約の当事者となるので，第三債務者の同意が必要である。

□□□ 問題 3 ★★★ 重要!

倉庫内に存在する在庫商品のように，その種類や数量が絶えず変動する集合動産でも，その種類，所在場所および量的範囲を指定するなどの方法によって目的物の範囲を特定することにより，在庫商品を一個の集合物として譲渡担保の目的とすることができる。この場合，当該譲渡担保権の実行時に当該倉庫内に存在した在庫商品であっても，当該譲渡担保権の設定時に当該倉庫内に存在しなかったものについては，当該譲渡担保権の効力は及ばない。

2 譲渡担保の対抗要件

□□□ 問題 1 ★★★ 重要!

集合動産譲渡担保を第三者に対抗するには，目的物の引渡しを受けなければならない。ここでいう引渡しは，判例上，現実の引渡しに限られている。

□□□ 問題 2 ★★★ 重要!

不動産譲渡担保を第三者に対抗するには登記が必要である。これに対して，動産譲渡担保を第三者に対抗するには，目的物の引渡しが必要であり，譲渡人が法人でも，動産譲渡登記を利用することはできない。

3 譲渡担保の実行

□□□ 問題 1 ★★★ 重要!

動産譲渡担保を実行するためには，裁判所に競売を申し立てる必要がある。

□□□ 問題 2 ★★★ 重要!

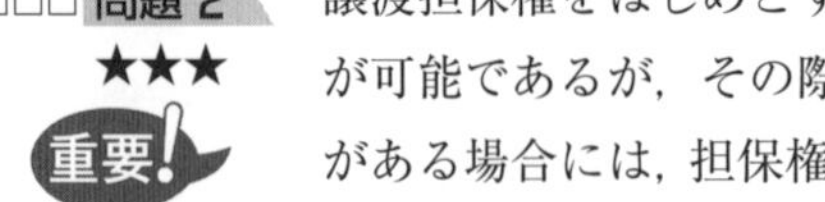

譲渡担保権をはじめとする，非典型担保物権については，私的実行が可能であるが，その際，目的物の売却価格と被担保債権額に差額がある場合には，担保権者は，その差額を清算しなければならない。

解答 2

×

譲渡担保設定契約の当事者は，譲渡担保権者と設定者である。債権譲渡担保を設定する場合でも，第三債務者は設定契約の当事者とはならない。したがって，この場合，第三債務者の同意は不要である。

解答 3

×

設問前段は正しい。しかし，集合物譲渡担保では，当該譲渡担保権の設定時に当該倉庫内に存在しなかった商品も，当該倉庫内に入れば，当該譲渡担保権の目的である一個の集合物に入ることになり，当該譲渡担保権の効力は及ぶ。よって，設問後段が誤っている。

解答 1

×

設問前段は正しい。しかし，集合動産譲渡担保か否かを問わず，占有改定も動産譲渡担保の対抗要件として認められている。

解答 2

×

不動産譲渡担保の対抗要件は登記だから，設問前段は正しい。しかし，譲渡人が法人の場合，動産・債権譲渡特例法の動産譲渡登記も動産譲渡担保の対抗要件として認められている。

解答 1

譲渡担保の目的が何であるかを問わず，譲渡担保においては，私的実行が可能である。

解答 2

○

非典型担保物権は私的実行が可能であるが，担保権者には清算義務がある。

テーマ3　仮登記担保

□□□ **問題1** ★

仮登記担保においては，金銭債権でない債権も被担保債権とすることができる。

□□□ **問題2** ★★

A社は，B社に対する貸金債権を担保するため，B社が借入金を弁済しないときにはB社が所有する甲土地の所有権をA社に移転する旨の代物弁済の予約を行い，その仮登記を経た。この場合において，担保権を有しないB社の債権者であるC社により甲土地が強制競売に付されたときであっても，A社は，甲土地の競売代金から他の債権者に先立って優先的に弁済を受けることができる。

□□□ **問題3** ★★

仮登記担保を実行するには，裁判所にその実行の申立てをする必要はない。また，仮登記担保が実行され，仮登記担保の目的物の価額が被担保債権の額を上回った場合でも，仮登記担保権者は債務者に清算金を支払う必要はない。

解答 1

仮登記担保の被担保債権は，金銭債権に限定されている。

《仮登記担保の要件》

(1)金銭債務を担保とするものであること	(2)金銭債務の不履行があるときに，債権者に債務者または第三者に属する所有権その他の権利の移転等をすることを目的としてされた代物弁済の予約，停止条件付代物弁済契約その他の契約であること	(3)その契約による権利について仮登記または仮登録のできるものであること

解答 2

仮登記担保がなされている土地等が他の債権者の担保権の実行としての競売に付されたり，担保権を有しない一般債権者により強制競売に付された場合でも，一定の場合には，仮登記担保権者がその手続の中で優先弁済を受けられる（仮登記担保法13条。この仮登記担保権者の権利のことを優先弁済請求権という）。

解答 3

仮登記担保の実行では，私的実行は可能であるから，設問前段は正しい。しかし，仮登記担保権者は清算義務がある。そして，債務者は，清算金の支払いを受けるまでは，債権の額に相当する金銭を債権者に提供し，目的物の受戻しを請求することができる。

第２節 日常的な債権の管理 ― 人的担保

人的担保については，保証人に関する出題が多いです。**毎回１題出題されます**。特に求償権が重要です。

テーマ１ 保　証

1 保証契約

□□□ 問題１ ★★★

通常の保証契約は，書面または電磁的記録によってなされることを要するが，連帯保証契約は，当事者間の合意があれば足りる。

□□□ 問題２ ★★★

Ａ銀行は，Ｂ社に融資をするにあたり，Ｂ社を主たる債務者として，Ｃとの間で連帯保証契約を締結した。Ｃが連帯保証人になることについて，Ｂ社が反対した場合には，ＡＣ間の連帯保証契約は無効となる。

□□□ 問題３ ★★

Ａは，Ｂに融資するにあたり，Ｂを主たる債務者として，Ｃとの間で保証契約を締結した。ＣがＢの委託を受けて保証をした場合，Ｃの請求があったときは，Ａは，Ｃに対して，遅滞なく，主たる債務の元本及び主たる債務に関する利息，違約金，損害賠償等，主たる債務に関する情報を提供しなければならない。

解答 1
×

書面主義の考え方は，すべての保証契約に共通の原則である（民法446条２項・３項)。

解答 2
×

保証契約の当事者は債権者と保証人である。主債務者の同意等は必要とされない。

解答 3
○

記述のとおりである（債権者の情報提供義務：民法458条の２)。

2 求償権

□□□ **問題 1** A銀行は，B社に融資をするにあたり，B社を主たる債務者として，Cとの間で連帯保証契約を締結した。CがB社の委託を受けて連帯保証人となった場合，Cの事後求償権の範囲は，CがA銀行に支払った金額に限定される。

★★

問題 2 Aは，Bに貸金債権を有しているが，Bが弁済期を過ぎても支払わないため保証人Cにも支払請求をしている。

□□□ ★★★ 重要!

ア． CがBの委託を受けて保証人になったか否かに関係なく，Cは事前求償権を有する。

□□□ ★★

イ． CがBの委託を受けずに保証人になっていた場合，CがAに弁済した後であれば，CはBに対する求償権を取得する。

□□□ ★★

ウ． CがBの委託を受けず，Bの意思に反して保証人になっていた場合，CがAに支払った後Bに求償できるのは，求償の時点でBに現存する利益を限度とする。これに対して，CがBの委託を受けていないが，Bの意思に反しないで保証人になっていた場合のCの事後求償権の範囲は，Cが保証債務を履行した当時Bが受ける利益を限度とする。

解答１

Ｃは委託を受けた保証人であるので，完全な求償が可能である。すなわち，弁済後の利息・費用その他の損害も求償できる（民法459条２項，442条２項）。ただし，保証人が主たる債務者の委託を受けて保証をした場合でも，保証人が主たる債務の弁済期前に債務の消滅行為をしたときは，その求償の範囲は，主たる債務者がその当時利益を受けた限度に限定される（民法459条の２）。

《求償権の範囲》

	委託を受けた保証人	委託を受けていない保証人	
		主債務者の意思に反しない。	主債務者の意思に反する。
事前求償権	あり	なし	
事後求償権	完全な求償が可能→弁済後の利息・費用その他の損害も求償できる。	出捐当時，主債務者が利益を受けた限度で求償できる（利息や損害賠償は請求できない）。	求償当時，主債務者が利益を受ける限度で求償できる。

解答２

ア．✕　委託を受けた保証人は，一定の場合に事前求償権を有するが，委託を受けない保証人には，事前求償権はない（民法460条，462条参照）。

イ．○　記述のとおりである（民法462条１項）。

ウ．○　委託なし　→　主債務者の意思に反する　→　求償当時，主債務者が利益を受ける限度で求償できる。
委託なし　→　主債務者の意思に反しない　→　出捐当時，主債務者が利益を受けた限度で求償できる。

テーマ２ 連帯保証

□□□ **問題１** ★★★ 重要！

Aは，Bに融資をするにあたり，Bを主たる債務者として，Cとの間で通常の保証契約を，Dとの間で連帯保証契約を締結した。主債務はすでに弁済期が到来しているが，Bは，Aに対して弁済しようとしない。Aは，Bに対して請求をすることなくCおよびDのいずれに対しても，債権額の全額の支払いを請求することができる。

□□□ **問題２** ★★★ 重要！

Aは，Bに融資をするにあたり，Bを主たる債務者として，Cとの間で通常の保証契約を，Dとの間で連帯保証契約を締結した。主債務はすでに弁済期が到来しているが，Bは，Aに対して弁済しようとしない。Aは，Dに対して主たる債務の全額について保証債務を履行するよう請求することができない。

テーマ３ 共同保証

□□□ **問題１** ★★

Aは，Bに融資をするにあたり，Bを主たる債務者として，CとDが保証人になった（CもDも連帯保証人ではない。）。主債務はすでに弁済期が到来しているが，Bは，Aに対して弁済しようとしない。Aは，CおよびDのいずれに対しても，債権額の全額の支払いを請求することができる。

□□□ **問題２** ★★

A銀行は，B社に融資をするにあたり，B社を主たる債務者として，CとDのそれぞれと連帯保証契約を締結した。主債務はすでに弁済期が到来しているが，B社は，A銀行に対して弁済しようとしない。DがA銀行に対して保証債務を履行した場合には，DはCに対して求償することができない。

解答 1 連帯保証人Dは催告の抗弁権および分別の利益を持たないが，Cは通常の保証人であるので，催告の抗弁権および分別の利益を持つ。

×

解答 2 連帯保証人には分別の利益はない。

解答 1 共同保証人は分別の利益を有する。

解答 2 共同保証人が弁済すれば主債務者への求償はもちろん，共同保証人間でも求償することが認められる（民法465条）。

×

テーマ4 根保証（継続的保証）

□□□ **問題1**
★★

一定の範囲に属する不特定の債務を主たる債務とする保証契約で保証人が法人でないものを個人根保証契約といい，個人根保証契約のうち，主たる債務の範囲に貸金等債務が含まれるものを個人貸金等根保証契約という。そして，個人根保証契約において極度額を定めなかった場合，当該個人根保証契約はその効力を生じない。

解答１

○

記述のとおりである（民法465条の２第１項・２項，465条の３第１項）。

第3節 緊急時の債権の回収

毎回3題～4題程度出題されます。最近では強制的回収の出題が増えています。

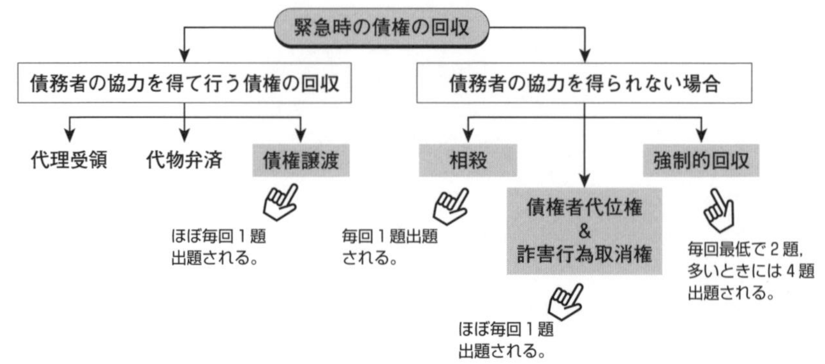

テーマ1 債務者の協力を得て行う債権の回収

1 代理受領

□□□ **問題1** ★★

A社はB社に対し，貸金債権を有しており，すでにその弁済期が到来しているが，B社は当該貸金債務を弁済していない。そこで，A社は，B社がC社に対して有する売掛代金債権から当該貸金債権を回収することにした。そこで，A社とB社との間で，代理受領の合意，すなわち，売掛代金債権の取立てをA社に委任する旨の合意がなされた。この場合，C社が当該代理受領の合意を知らずにB社に対して売掛代金債務を弁済しても，当該弁済は無効であり，C社はA社からの取立てに応じなければならない。

×

代理受領とは，債権者Ａ社が債務者Ｂ社に対して有する債権を担保するため，第三債務者Ｃ社に対して有するＢ社の債権の弁済の受領を，Ｂ社がＡ社に委任し，Ａ社がＢ社に代わってＣ社から直接弁済を受領し，その受領をもって債権の弁済にあてることをいうが，Ｂ社とＣ社の関係では，債権者はあくまでＢ社であるので，Ｃ社が当該代理受領の存在を知らずにＢ社に対して弁済すれば，Ｃ社は有効な弁済をしたことになる。

2 代物弁済

□□□ 問題1 ★★

A社はB社に対し，貸金債権を有しており，すでにその弁済期が到来しているが，B社は当該貸金債務を弁済していない。B社がC社に対して売掛代金債権を有している。B社は，A社に対し，借入金債務の弁済に代えて，売買代金債権をB社からA社に譲渡することを申し出た。この場合，A社は，B社からの申出を拒むことはできず，貸金債権は消滅する。

テーマ2 債権譲渡

1 債務者に対する対抗要件

□□□ 問題1 ★★

債権譲渡通知が，譲渡された債権の債務者に対する関係で対抗力を認められるためには確定日付が必要である。

□□□ 問題2 ★★

A社はB社に対する売掛金債権をC社に譲渡した。C社が当該売掛金債権の譲渡をB社に通知した場合，民法上，C社は，B社に対し，当該売掛金債権をA社から譲り受けた旨を対抗することができる。

□□□ 問題3 ★★

A社はB社に対する売掛金債権をC社に譲渡した。債権譲渡の対抗要件は通知・承諾であるが，B社がA社に対してA・C間の債権譲渡の承諾を行った場合は，C社はB社に対して債権譲渡を対抗できない。

2 第三者に対する対抗要件

(1) 確定日付ある証書による通知または承諾

□□□ 問題1 ★★

A社は，B社がC社に対して有する500万円の売掛債権について債権譲渡を受けることにした。ところが，B社は当該債権をA社にだけでなくD社にも二重に譲渡していた。A社への譲渡についてのみ確定日付のある通知がなされていれば，A社はD社に優先する。

解答 1 ×

代物弁済は，本来の給付に代えて別の物を給付し債権を消滅させる契約であるので，債権者の承諾がないと行うことはできない。

解答 1

債務者に対する対抗要件となるためには，確定日付は不要である。

解答 2

譲受人からの債権譲渡の通知は債務者に対する対抗要件とはならない。

解答 3

債権譲渡の対抗要件である債務者の承諾は，譲渡人，譲受人のいずれに対してなしてもよい。

解答 1

債権譲渡の債務者以外の第三者に対する対抗要件は，確定日付ある証書による通知または承諾である（民法467条１項・２項）。

(2) 共に確定日付ある証書による通知がなされた場合の各譲受人間の優劣

□□□ 問題 1 ★★★ 重要!

確定日付のある証書による通知が複数ある場合には，各通知の日付の先後によって優劣が決せられる。

(3) 動産・債権譲渡特例法上の対抗要件

□□□ 問題 1 ★★

法人が金銭の支払いを目的とする債権を譲渡する場合，債権譲渡登記をもって，当該債権の債務者以外の第三者については，確定日付ある証書による通知があったものとみなされる。

□□□ 問題 2 ★★

A社は，B社に対する貸金債権をC社に譲渡した。A社とC社は，両社間の債権譲渡につき，債権譲渡登記ファイルに債権譲渡登記をした。この債権譲渡登記により，C社は，B社に対して，本件債権譲渡を対抗することができる。

3 譲渡禁止（制限）特約・債権の譲渡における債務者の抗弁

□□□ 問題 1 ★★

A社は，X社に対する売掛金債権を有しており，当該債権について譲渡禁止（制限）特約が付されていた。A社は，B社に本件売掛金債権を譲渡し，その旨がA社からX社に通知された。この場合，B社は，その特約の存在につき善意かつ無過失であったとしても，本件売掛金債権の譲受けをX社に対抗することができない。

□□□ 問題 2 ★★

Aは，Bに対して債務を負っていたが，Bから，当該債権をCに譲渡した旨の確定日付ある通知が到達した。仮に，AのBに対する債務がAB間の売買契約上の代金債務であった場合，Aは，Bから売買の目的物の引渡しを受けるまでは，Cに対する支払いを拒絶することができる。

解答 1

ともに確定日付ある証書による通知がなされた場合の各譲受人間の優劣は，到達の先後で決せられる。

解答 1

記述のとおりである（動産・債権譲渡特例法４条１項）。

解答 2

債権譲渡登記がなされても，債務者に対する関係では，対抗要件具備は認められない。債務者に対する対抗要件を具備するためには，譲渡人もしくは譲受人が債務者に対して法務局の登記官から交付された登記事項証明書を交付して通知をするか，債務者が承諾する必要がある（動産・債権譲渡特例法４条２項）。

解答 1

譲渡禁止（制限）特約に違反する債権譲渡も有効とされ，悪意または重過失ある譲受人も対抗要件を具備すれば，債務者その他の第三者に対して，譲渡禁止（制限）特約付き債権の譲渡による取得を対抗できる（民法466条２項）。ただし，債務者は，悪意または重過失ある譲受人などに対しては，その債務の履行を拒絶でき，かつ，譲渡人に対する弁済や相殺等の債務消滅事由を対抗できる（民法466条３項）。

解答 2

○

債務者は，債権譲渡の対抗要件具備時までに譲渡人に対して生じた事由をもって譲受人に対抗できる（民法468条１項）。

テーマ3 相　殺

1 相殺とは

□□□ 問題1 ★★★ 重要!

XはYに対して売掛金債権を有している。一方，YはXに対して貸金債権を有している。Xは相殺しようとする場合には，相殺する旨の意思表示を一方的に行えばよく，Yの同意は不要である。

□□□ 問題2 ★★

A社は，B社に対して，貸金債権を有しており，C社は，当該借入金債務についてB社の連帯保証人となっている。また，B社がA社に対して売掛金債権を有しており，この売掛金債権とA社のB社に対する貸金債権とが民法の定める相殺の要件を充たし相殺適状となっている。この場合，A社がC社に対して連帯保証債務の履行を請求しても，B社の相殺権の行使によってB社がその債務を免れる限度において，C社は，A社に対して債務の履行を拒むことができる。

□□□ 問題3 ★★

A社は，B社に対して，300万円の貸金債権を有している。他方，B社は，A社に対して，弁済期の到来した300万円相当の自動車の引渡請求権を有している。この場合，B社は，当該自動車の引渡請求権を自働債権とする相殺を主張して，A社に対する300万円の貸金債務を消滅させることができる。

解答 1

○

相殺は一方的意思表示である。相殺の意思表示を受けた側の同意は不要である。

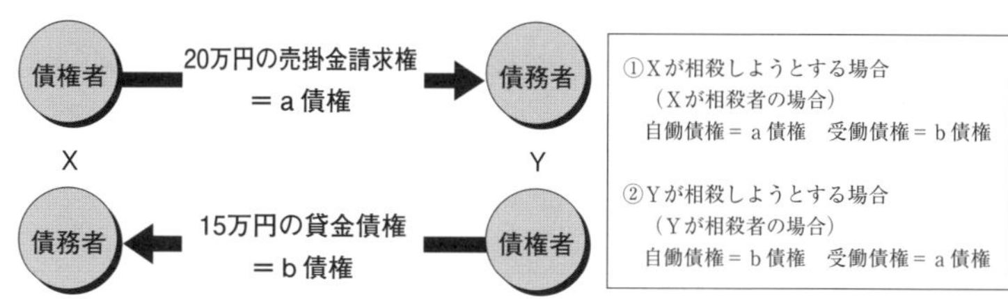

解答 2

○

主たる債務者が債権者に対して相殺権を有するときは，その相殺権の行使によって主たる債務者がその債務を免れるべき限度において，保証人は，債権者に対して債務の履行を拒むことができる（民法457条3項）。

解答 3

×

金銭債権である貸金債権と物の引渡債権である自動車の引渡請求権は同種の債権ではない。そして，同種の債権でない限り，相殺できない。

2 相殺の要件

問題 1 Xは Yに対して売買代金債権を有している。一方，Yは Xに対して貸金債権を有している。Xは両債権を相殺しようと考えている。

□□□ ★★★ 重要！

ア. Xの借受債務について弁済期が到来していない場合は，XがYに対して商品を引き渡しており，Xの代金債権の弁済期が到来していても，Xはこの両債権を相殺することはできない。

□□□ ★★

イ. XがYに対して商品を引き渡していない場合，Xはこの両債権を相殺することはできない。

□□□ **問題 2** ★

Aは，BがCに対して有する売掛金債権を譲り受けその対抗要件を備えた。ところが，B・C間では，当該売掛金債権について相殺禁止（制限）特約が付されており，Aは相殺禁止（制限）特約の存在について善意・無過失であった。一方，CはAに対して貸金債権を有している。売掛金債権の履行期が到来すれば，Aは，当該売掛金債権を自働債権とし，借入金債務を受働債権として相殺できる。

解答 1

ア. 自動債権の弁済期が到来していれば，相殺をすることが可能である。

イ. 本問の場合，Ｙは同時履行の抗弁権を主張できる。そして，自働債権に対して相手方（債務者）が抗弁権を有するときは相殺できないので，Ｘは相殺できない。

○

解答 2 相殺禁止（制限）特約は，悪意または重過失ある第三者に対してのみ対抗できる（民法505条２項）。したがって，相殺禁止（制限）特約の存在について善意・無過失のＡは，売掛金債権を自働債権とし，借入金債務を受働債権として相殺できる。

○

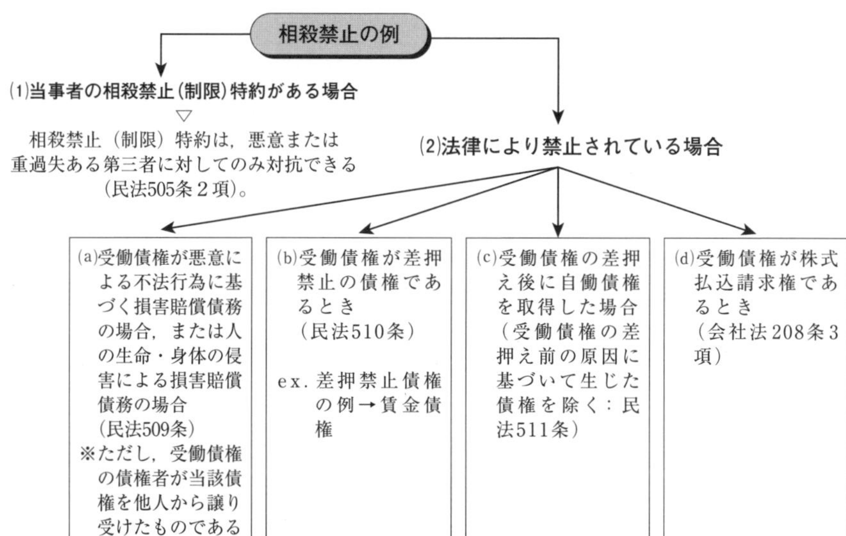

相殺禁止の例
⑴当事者の相殺禁止（制限）特約がある場合
▽
相殺禁止（制限）特約は，悪意または重過失ある第三者に対してのみ対抗できる（民法505条２項）。
⑵法律により禁止されている場合
(a)受働債権が悪意による不法行為に基づく損害賠償債務の場合，または人の生命・身体の侵害による損害賠償債務の場合（民法509条）
※ただし，受働債権の債権者が当該債権を他人から譲り受けたものであるときを除く。
(b)受働債権が差押禁止の債権であるとき（民法510条）
ex. 差押禁止債権の例→賃金債権
(c)受働債権の差押え後に自働債権を取得した場合（受働債権の差押え前の原因に基づいて生じた債権を除く：民法511条）
(d)受働債権が株式払込請求権であるとき（会社法208条3項）

□□□ **問題 3** ★★★ 重要!

Aは，Bに対して50万円の売掛金債権を有しており，その弁済期も到来していた。その後，Bは，Aに対して50万円のAの悪意による不法行為に基づく損害賠償請求権を有するに至った。Bからの当該損害賠償請求に対し，AはBに対して有している売掛金債権を自働債権とする相殺を主張することができる。

□□□ **問題 4** ★

Aは，Bに2000万円の売掛金債権を有している。一方，BはAに対して同じく2000万円の貸金債権を有している。Aの債権者であるCがAの債権を差し押さえたが，BがAに対する債権を取得したのはその差押え前であった。この場合，BはAに対して相殺をすることができ，かつそれをもってCに対抗することができる。

テーマ4 債権者代位権・詐害行為取消権

1 債権者代位権

□□□ **問題 1** ★★

AはBに対して貸金債権を有している。他方でBはそのほぼ唯一の資産といえるCに対する債権を有している。Aが，BのCに対する債権に対し，債権者代位権を行使するためには，原則としてBのCに対する債権の履行期が到来しているにもかかわらず，Bがその債権を行使しようとしないことが必要である。

□□□ **問題 2** ★★ 重要!

債権者が債権者代位権を行使するためには，原則として，被保全債権の弁済期が到来していることが必要である。

解答３

相殺を対抗できなくなる場合の受働債権は，①受働債権が悪意による不法行為に基づく損害賠償請求権の場合と②人の生命または身体の侵害による損害賠償請求権の場合である（民法509条柱書本文１号・２号）。ただ，上記①・②の場合でも，当該債権を他人から譲り受けたものであるときは，これらを受働債権とする相殺を主張できる（同条柱書ただし書）。

本問では，ＢのＡに対する不法行為に基づく損害賠償請求権はＡの悪意によるものなので，ＡはＢに対して有している売掛金債権を自働債権とする相殺を主張することはできない。

解答４

受働債権の差押え前の原因に基づいて生じた債権でない限り，受働債権の差押え後に取得した債権を自働債権とする相殺は差押債権者に対抗できないが，受働債権の差押え前に取得した債権を自働債権とする相殺は差押債権者に対抗できる（民法511条１項・２項）。

解答１

記述のとおりである（民法423条）。

【債権者代位権の行使要件】

①債権者が自己の債権を保全する必要があること（債務者の無資力）
②債務者が権利を行使しようとしないこと
③被保全債権が弁済期に達していること
④被保全債権が強制執行できるものであること
⑤被代位権利が一身専属権，差押禁止債権でないこと

解答２

記述のとおりである。

□□□ **問題3** ★★

甲社は，乙社に500万円を貸し付けたが，その返済がなされないため，乙社の資産を調査した。その結果，乙社が丙社に対して500万円の売掛金債権を有していることが判明したため，甲社は，債権者代位権を行使して，この売掛金債権から貸金債権を回収することを検討している。丙社が乙社による売掛金債権の行使に対する抗弁権を有していたとしても，甲社による債権者代位権の行使に対しては，丙社は，当該抗弁権を主張することができない。

□□□ **問題4** ★★★ 重要!

A社は，B社に対して300万円の貸金債権を有しており，B社がC社に対して有する500万円の売掛金債権について，債権者代位権を行使した。この場合，A社は，C社に対して，B社に対して有する債権額300万円の限度で，C社がB社に支払うべき金銭を直接自己に支払うよう請求することができる。そして，A社は，C社から受領した300万円をB社に返還する義務を負うが，B社に対して有する300万円の貸金債権とB社がA社に対して有する当該300万円の返還請求権とを対当額で相殺することはできない。

2 詐害行為取消権

(1) 詐害行為取消権の要件

□□□ **問題1** ★★

AはBに対して貸金債権を有している。Bは，無資力であるにもかかわらず，その所有する不動産をCに贈与したが，その後資力を回復した。この場合，Aは，当該不動産の贈与契約を，詐害行為として取り消すことができる。

(2) 詐害行為の種類

□□□ **問題1** ★★

代物弁済は法律上認められているので，無資力状態に陥った債務者が行った代物弁済は，当該債務の額よりもはるかに高額な物を給付した場合でも，原則として詐害行為取消権の対象とはならない。

解答 3 ×

相手方（第三債務者）は，代位債権者に対して，債務者に対する抗弁権を主張できる（民法423条の4）。

解答 4

債権者代位権の行使は，自己の被保全債権額の範囲に限られる（民法423条の2）。また，代位行使の対象が金銭の場合であれば，代位債権者は自己に引き渡す（支払う）ことを請求できる（民法423条の3）。したがって，設問前段は正しい。しかし，代位債権者は受領した金銭を債務者に返還する義務を負うが，代位債権者は自己の債権（被保全債権）と相殺できるので，設問後段が誤っている。

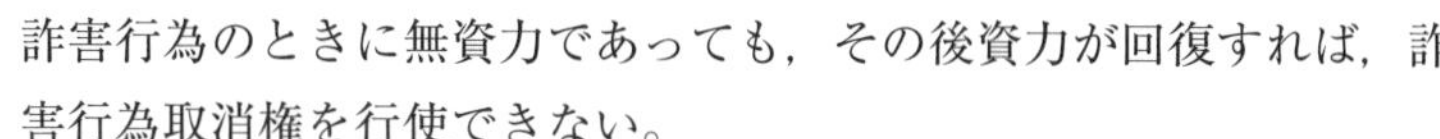

解答 1 ×

詐害行為のときに無資力であっても，その後資力が回復すれば，詐害行為取消権を行使できない。

解答 1

過大な代物弁済については，債務の額に相当する部分以外の部分（過大な部分）が詐害行為取消権の要件（民法424条）に該当するときは，過大な部分を取り消すことができる（民法424条の4）。また，一定の要件を満たせば，債務の額に相当する部分も含めた代物弁済行為全体が詐害行為取消権の対象となることもある（民法424条の3）。

(3) 詐害行為取消権の行使方法

□□□ **問題 1** ★★★ 重要!

債権者代位権も詐害行為取消権も裁判所に訴訟を提起せずに裁判外で行使することができる。

□□□ **問題 2** ★★

AはBに対して貸金債権を有している。Bは，無資力であるにもかかわらず，その所有する不動産を時価よりもかなり安くCに売却し，移転登記を了した。Cは当該不動産をDに転売し，移転登記を了した。この場合，当該不動産の所有権はDに移転している以上，AはB・C間の売買契約を詐害行為として取り消すことはできない。

□□□ **問題 3** ★★★

債権者が詐害行為取消権を行使して，債務者の下から逸出した不動産を取り戻す場合，債権者は，当該不動産の登記名義人である第三者から自己への所有権移転登記を請求することができるが，債務者の下から逸出した金銭を取り戻す場合は，債権者は当該金銭を自己に引き渡すことを請求することはできない。

解答 1　×

債権者代位権は裁判所に訴訟を提起せずに裁判外で行使することも可能であるが，詐害行為取消権は裁判所に訴訟を提起して裁判上行使する必要がある。

解答 2　×

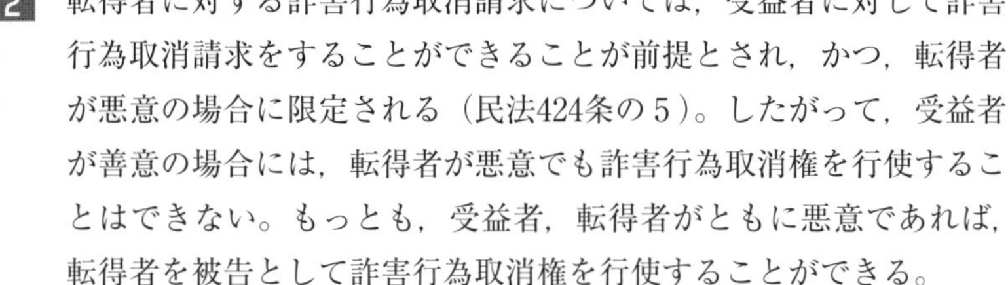
転得者に対する詐害行為取消請求については，受益者に対して詐害行為取消請求をすることができることが前提とされ，かつ，転得者が悪意の場合に限定される（民法424条の５）。したがって，受益者が善意の場合には，転得者が悪意でも詐害行為取消権を行使することはできない。もっとも，受益者，転得者がともに悪意であれば，転得者を被告として詐害行為取消権を行使することができる。

解答 3　×

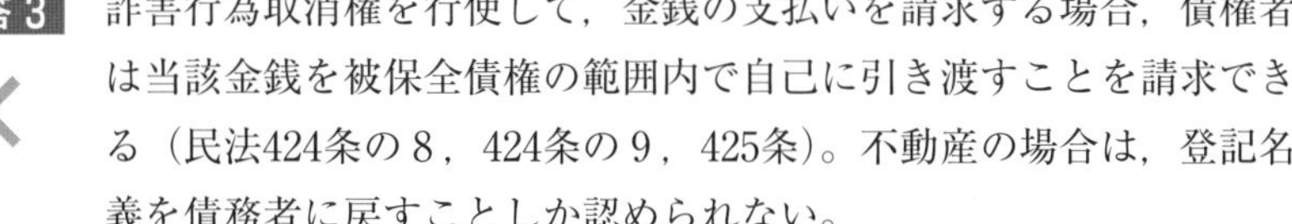
詐害行為取消権を行使して，金銭の支払いを請求する場合，債権者は当該金銭を被保全債権の範囲内で自己に引き渡すことを請求できる（民法424条の８，424条の９，425条）。不動産の場合は，登記名義を債務者に戻すことしか認められない。

テーマ5 強制的回収

1 仮差押え

□□□ 問題1 ★★★ 重要!

債権者は，弁済期の到来していない債権を被保全債権として，債務者の財産につき仮差押えを申し立てることもできる。

□□□ 問題2 ★★

A社は，B社に対して有する貸金債権を保全するため，B社が所有する不動産に対する仮差押えを行うことを検討している。A社が当該不動産について仮差押えの申立てをするには，当該貸金債権につき確定判決等の債務名義を取得することが必要である。

□□□ 問題3 ★

仮差押えを行う場合，被保全債権は金銭債権である必要がある。

□□□ 問題4 ★★★

仮差押えの対象となるものは，不動産および動産に限られる。

解答 1 記述のとおりである。

○

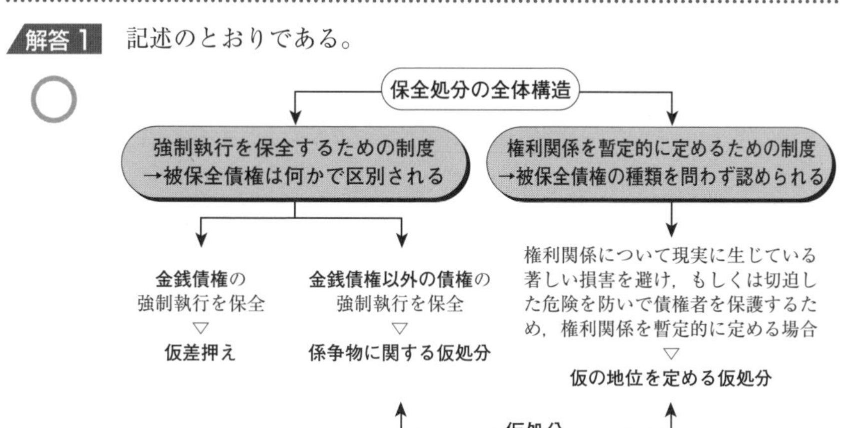
保全処分の全体構造
強制執行を保全するための制度
→被保全債権は何かで区別される
権利関係を暫定的に定めるための制度
→被保全債権の種類を問わず認められる
金銭債権の
強制執行を保全
▽
仮差押え
金銭債権以外の債権の
強制執行を保全
▽
係争物に関する仮処分
権利関係について現実に生じている
著しい損害を避け，もしくは切迫し
た危険を防いで債権者を保護するた
め，権利関係を暫定的に定める場合
▽
仮の地位を定める仮処分
仮処分

解答 2 仮差押えは被保全債権の存在と仮差押えの必要性が要件とされるが，債務名義は必要ない。

×

解答 3 記述のとおりである。

解答 4 差押禁止財産でない限り，およそ財産的価値があり換価可能なものであれば，動産・不動産・債権など，すべて仮差押えの対象となる。

×

□□□ **問題 5** ★★★ 重要!

仮差押命令を申し立てるためには，被保全債権の存在と仮差押えの必要性を証明する必要がある。

問題 6

XはYに対して金銭債権を有していたが，Yは弁済期を過ぎてもいっこうに支払いをしなかったことから，Yの不動産およびYがZに対し有している売掛金債権に対して仮差押えを行った。

□□□ ★★ ア．Xは，仮差押えに基づいてYの不動産について直ちに競売を申し立てることができるのが原則である。

□□□ ★★ イ．XがYのZに対する債権に対して仮差押えする場合，Yはこの仮差押えによって現実に入金がストップし，損害を被るおそれが極めて高いので，Xは保証金を納めなければならないが，Yの不動産を仮差押えする場合には，不動産登記簿に仮差押えの登記がなされるだけで，Yはとくに経済的な不利益を被るわけではないので，Xは保証金を納める必要はない。

□□□ **問題 7** ★★

A社はB社に対する債権を被保全債権として，B社のC社に対する貸金債権に対して仮差押えをした。その後，C社がB社に対して自己の債務を弁済した場合，C社はその旨をA社に対抗することができる。

解答 5

仮差押命令の申立要件として，被保全債権の存在と仮差押えの必要性を疎明（裁判官が一応の推測を得た状態）する必要はあるが，証明する必要はない（民事保全法13条２項）。

【仮差押えの要件】
①被保全債権の存在
②仮差押えの必要性

【要件①－被保全債権の存在のPoint】

1．被保全債権は「金銭債権」でなければならない。
2．被保全債権が，期限が到来している場合はもちろん，期限未到来の場合や条件付債権の場合であっても，仮差押えは認められる。

解答 6

ア．✕

仮差押えをしても，債務名義を取得しない限り，強制執行はできない。

イ．✕

仮差押命令の発令に際しては，債務者がその仮差押えの執行によって被ることがある損害を担保するために，仮差押えの目的が不動産の場合でも債権者は担保（保証金）を供託することが必要である。

解答 7

✕

仮差押えには，処分禁止効があり，債権の仮差押えを受けた第三債務者が，これに反して債務者に弁済しても仮差押債権者には対抗できない。

□□□ 問題 8
★★★
重要!

A社はB社に対する債権を被保全債権として，B社のC社に対する貸金債権に対して仮差押えをした。A社は，当該貸金債権から，他の債権者に優先して弁済を受けることができる。

2 仮処分

□□□ 問題 1
★

債権者は，金銭債権を保全するために強制執行の目的物を現在の債務者のもとに留め，現状を維持し，処分または移転を禁止したい場合には，係争物に関する仮処分を利用することができる。

□□□ 問題 2
★

仮の地位を定める仮処分は，金銭債権や土地や建物の引渡請求権などに限らず，あらゆる紛争の解決で利用できるため，金銭債権を被保全権利として用いることもできるし，建築禁止処分のように，金銭債権以外の権利を被保全権利として用いることもできる。

3 強制執行

□□□ 問題 1
★★★

当事者間に示談が成立し，その内容を公正証書にしても，その公正証書自体が債務名義となることはない。

□□□ 問題 2
★★★
重要!

公正証書中に執行認諾文言が入った執行証書は債務名義になるので，金銭を貸し付ける場合のほか，将来，土地や建物の明渡しを確実に受けたい場合などに有効である。

解答 8

仮差押えには優先弁済効はない。

解答 1

×

係争物に関する仮処分は金銭債権以外の保全策として用いられるものであるから，金銭債権の保全に用いることはできない。

解答 2

○

仮の地位を定める仮処分は，金銭債権を被保全債権とする仮差押えや金銭債権以外の債権の強制執行を保全するための係争物に関する仮処分とは異なり，金銭債権や特定物の給付請求権などに限らず，あらゆる紛争の解決で利用できる。

解答 1

×

当事者間に示談が成立し，その内容を公正証書にするだけでは，その公正証書自体が債務名義とはならないが，その公正証書に強制執行認諾文言を付すことにより，その公正証書自体が債務名義となることはある。

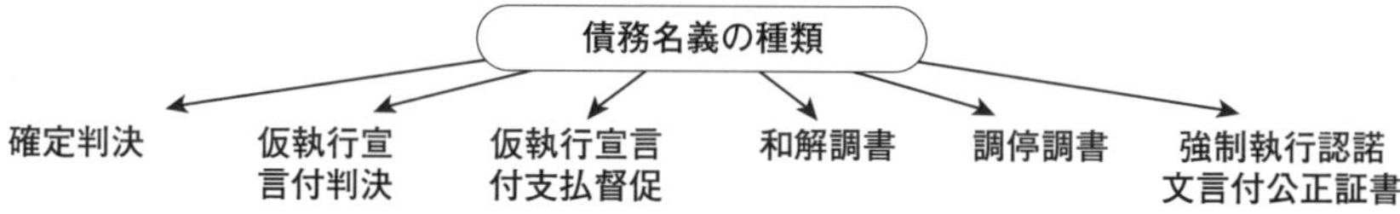

解答 2

×

公正証書中の執行認諾文言によって強制執行できるのは，金銭の一定額の支払い，または代替性のある物の引渡しの場合である。土地や建物のような特定物の引渡しは，たとえ執行認諾文言があっても，強制執行できない（民事執行法22条５号）。

□□□ **問題 3**
★★★

A社は，B社に対する貸金200万円の返還を求める民事訴訟を提起し，その請求を認めるとの内容の確定判決および執行文の付与を得た。A社は，B社の有する動産・不動産を目的物件として，強制執行をすることはできるが，B社が顧客に対して有する売掛金債権に対しては強制執行をすることはできない。

□□□ **問題 4**
★★

執行力のある債務名義の正本を有する一般債権者は，二重差押えにより，すでに他の債権者に差し押さえられた不動産から配当を受けることができるが，配当要求では当該不動産から配当を受けることはできない。

解答 3

×

強制執行においては，法律で禁止されていない限り，およそ財産的価値があり換価可能なものであれば，動産・不動産・債権など，すべて目的物件となる。

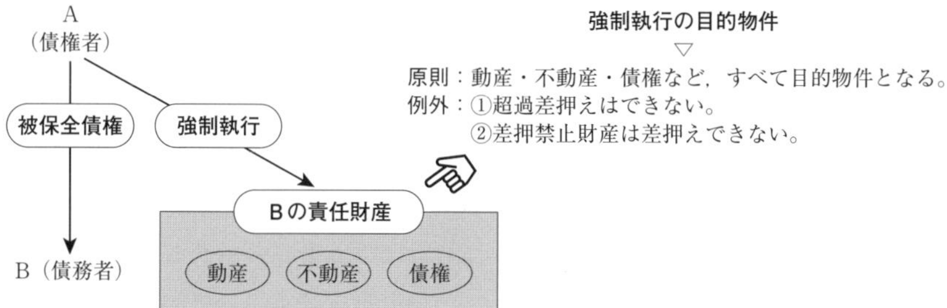

解答 4

有名義債権者（執行力のある債務名義の正本を有する一般債権者）は，二重差押えまたは配当要求により配当にあずかることができる。

※ AはBに対して債権を有している。また，CもBに対して債権を有している。AはBが債務を弁済しないので，B所有の不動産に強制執行を申し立てたが，この時点では，Cは強制執行を申し立てていない。
この場合，Cは以下の手続により，配当を受けることができる。

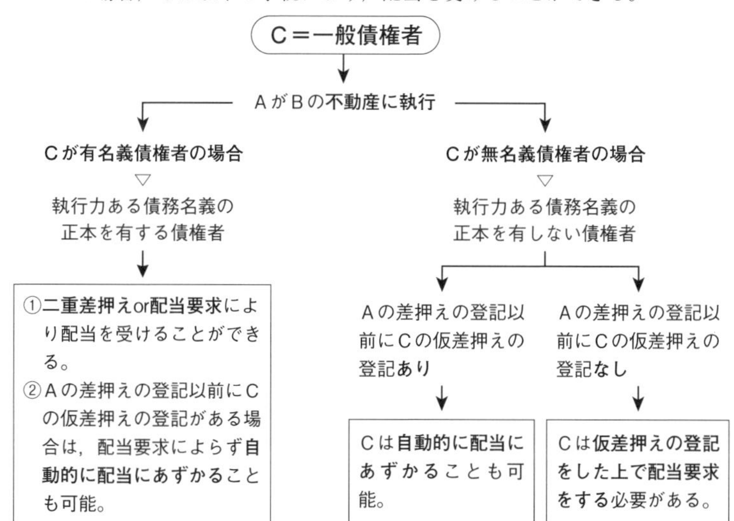

□□□ **問題 5**
★★★
重要!

債権者が，強制執行手続により，債務者が第三債務者に対して有する金銭債権を差し押さえた場合でも，債権者は当該金銭債権を自ら直接取り立てることはできない。

□□□ **問題 6**
★★

A社は，B社に対して貸金債権を有していたが，弁済期が到来してもその返済がなされないため，B社所有の甲土地について仮差押えの申立てをした。A社の申立てにより甲土地について仮差押えの登記がなされた後，甲土地につき，B社の債権者であるC社の申立てによる差押えがなされ，強制執行により競売が行われた場合，A社がB社を相手方として提起した貸金返還請求訴訟に勝訴し，A社が債務名義を取得すれば，A社は，C社の申し立てた強制執行手続において，配当要求によらず自動的に配当を受けることができる。

解答5 ×

債権を差し押さえた場合，一定期間経過後に差押債権者に取立権が認められている。

解答6 ○

差押えの登記時点で，仮差押えの登記があるときは，配当要求によらず自動的に配当にあずかることも可能である（自動配当：民事執行法87条1項3号）。なお，差押えの登記以前に抵当権設定登記がある場合は，抵当権者は自動的に配当にあずかることができる（自動配当：民事執行法87条1項4号）。

第4節 倒産処理

毎回2題～3題程度出題されます。破産法からほぼ確実に1題，多いときには2題出題されます。残りの1題は，民事再生法か会社更生法のいずれかから出題される場合が多いです。

	制度の目的	対象者
破産	清算	個人・法人を問わない
会社更生	再建	大規模な株式会社のみ
民事再生	再建	個人・法人を問わない

テーマ1 破産法

1 手続の概要

□□□ **問題1** ★★

A社の民事再生手続において，民事再生手続開始の申立てが棄却された場合，または裁判所による再生計画認可決定がなされなかった場合，A社に破産手続開始の原因となる事実があると認められるときでも，裁判所の職権により破産手続開始の決定がなされることはなく，A社は，任意整理手続によって自己の債権債務を整理するほかない。

□□□ **問題2** ★★

債務者の支払不能や債務超過は破産手続開始原因となるから，当該債務者が法人であるか自然人であるかにかかわらず，いずれの場合も裁判所は破産手続を開始することができる。

□□□ **問題3** ★★★ 重要!

債権者は破産手続開始の申立てをすることができる。しかし，その場合，債権の存在と破産原因があることを当該申立ての時に証明しなければならない。

解答 1

×

民事再生手続や会社更生手続の申立てがなされたが，それらの手続に失敗した場合，裁判所の職権により破産手続開始の決定がなされ，その後の清算手続が破産手続に移行することがある。

解答 2

×

債務超過は法人特有の破産原因である（破産法16条１項）。

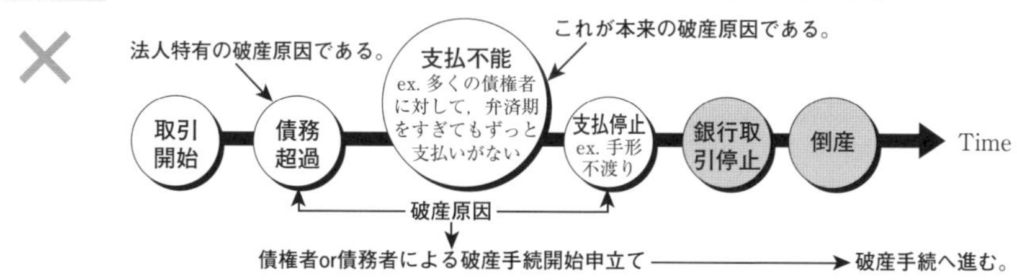

解答 3

×

債権者が破産申立てをするには，債権の存在と破産原因があることを疎明しなければならない（破産法18条）。

□□□ **問題 4**
★★

破産手続開始の申立てがあった場合に，利害関係人の申立てなどにより，破産手続開始決定までの間，裁判所が債務者の財産に対して行われている強制執行等の手続の中止を命じることができる。

□□□ **問題 5**
★★

裁判所は，破産財団をもって破産手続の費用を支弁するのに不足すると認めるときは，破産手続開始の決定と同時に，破産手続廃止の決定をしなければならず，破産管財人は選任されない。

2 取引先との関係

□□□ **問題 1**
★★★
重要!

裁判所の破産手続開始決定がなされると，債務者の財産の管理処分権はすべて破産管財人に帰属する。そのため，破産手続開始決定後の取引の交渉などの相手方は破産管財人となる。

解答 4 破産法上，他の手続の中止命令等が認められている（破産法24条）。

○

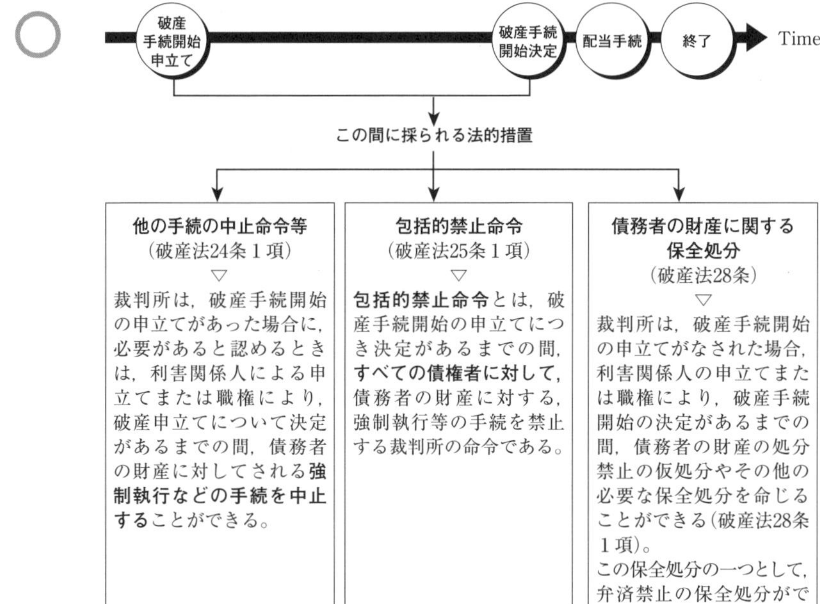

破産手続開始申立て
破産手続開始決定
配当手続
終了
Time
この間に採られる法的措置
他の手続の中止命令等
(破産法24条１項)
▽
裁判所は，破産手続開始の申立てがあった場合に，必要があると認めるときは，利害関係人による申立てまたは職権により，破産申立てについて決定があるまでの間，債務者の財産に対してされる強制執行などの手続を中止することができる。
包括的禁止命令
(破産法25条１項)
▽
包括的禁止命令とは，破産手続開始の申立てにつき決定があるまでの間，すべての債権者に対して，債務者の財産に対する，強制執行等の手続を禁止する裁判所の命令である。
債務者の財産に関する保全処分
(破産法28条)
▽
裁判所は，破産手続開始の申立てがなされた場合，利害関係人の申立てまたは職権により，破産手続開始の決定があるまでの間，債務者の財産の処分禁止の仮処分やその他の必要な保全処分を命じることができる（破産法28条１項）。
この保全処分の一つとして，弁済禁止の保全処分ができる（破産法28条６項）。

解答 5 記述のとおりである（同時破産廃止事件：破産法216条）。

○

解答 1 破産手続開始決定がなされると，破産財団の管理処分権は，破産管財人に属する（破産法78条）。したがって，破産手続開始決定後は破産者は管理処分権を失うので，債権者は，破産管財人を相手に交渉する必要がある。

○

□□□ **問題 2**
★★
重要!

破産手続開始決定前の原因に基づいて生じた財産上の請求権は，破産債権となる。破産債権は，原則として配当手続による配当を受けることになる。そして，破産債権者は，原則として，破産手続開始決定とともに定められる一般調査期間内または一般調査期日までに，破産債権の届出をしなければならない。

□□□ **問題 3**
★★

破産法上，双方未履行の双務契約につき，破産手続開始決定の時点で破産者およびその相手方がともにその履行を完了していない場合，破産管財人は，当該契約を解除するか，または当該契約の履行を請求するかの選択権を有する。破産管財人が解除を選択した場合，相手方は自己の反対給付が破産財団中に現存する場合でもその返還を求めることができない。

解答 2 記述のとおりである（破産法100条１項，111条）。

○

解答 3 相手方は自己の反対給付が破産財団中に現存する場合にはその返還を求めることができる。

×

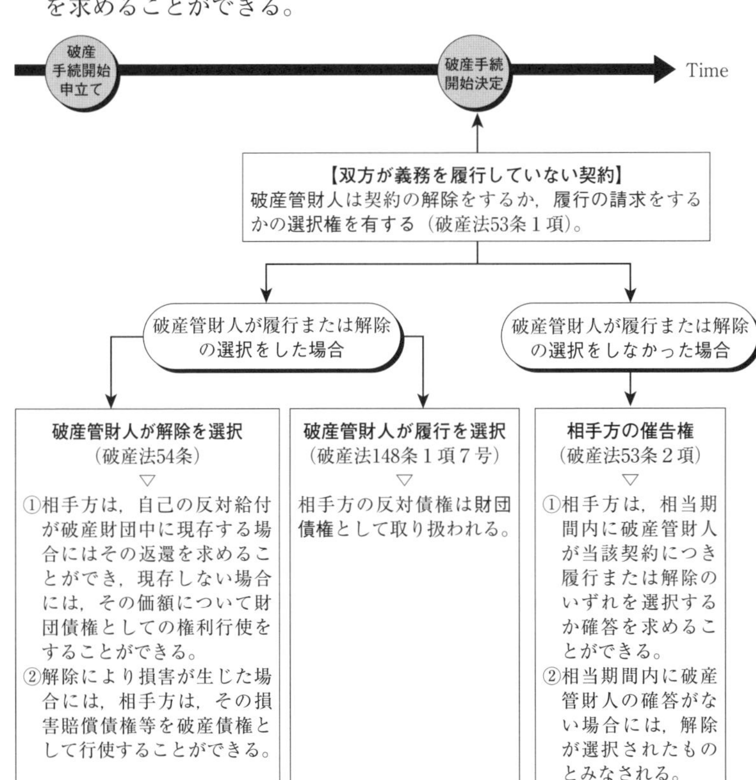

破産
手続開始
申立て
破産手続
開始決定
Time
【双方が義務を履行していない契約】
破産管財人は契約の解除をするか，履行の請求をするかの選択権を有する（破産法53条１項）。
破産管財人が履行または解除の選択をした場合
破産管財人が履行または解除の選択をしなかった場合
破産管財人が解除を選択
（破産法54条）
①相手方は，自己の反対給付が破産財団中に現存する場合にはその返還を求めることができ，現存しない場合には，その価額について財団債権としての権利行使をすることができる。
②解除により損害が生じた場合には，相手方は，その損害賠償債権等を破産債権として行使することができる。
破産管財人が履行を選択
（破産法148条１項７号）
相手方の反対債権は財団債権として取り扱われる。
相手方の催告権
（破産法53条２項）
①相手方は，相当期間内に破産管財人が当該契約につき履行または解除のいずれを選択するか確答を求めることができる。
②相当期間内に破産管財人の確答がない場合には，解除が選択されたものとみなされる。

□□□ **問題 4** ★★

破産法上，双方未履行の双務契約につき，破産手続開始決定の時点で破産者およびその相手方がともに履行を完了していない場合，破産管財人は，当該契約を解除するか，または履行を請求するかの選択権を有する。破産管財人が相手方の債務の履行を請求した場合，相手方は当該債務の履行に応じなければならないが，その場合の相手方の反対債権は財団債権として扱われ，破産財団から随時弁済を受けることができる。

問題 5

破産法上，双方未履行の双務契約につき，破産手続開始決定の時点で破産者およびその相手先がともに履行を完了していない場合，破産管財人は，当該契約を解除するか，または履行を請求するかの選択権を有する。

□□□ ★★★ 重要!

ア．破産管財人が解除を選択した結果，相手方に損害が生じた場合，相手方の損害賠償債権は財団債権とされる。そして，この場合，相手方は，破産者の受けた反対給付が破産財団中に現存する場合にはその返還を求めることができる。また，その反対給付が破産財団中に現存しない場合には，相手方はその価額について財団債権者として権利行使できる。

□□□ ★★★ 重要!

イ．相手方が相当の期間を定めて，破産管財人に対し，契約の解除か債務の履行を選択するよう催告し，期間内に確答がなかった場合，破産管財人が債務の履行を選択したものとみなされる。

□□□ **問題 6** ★★★ 重要!

破産手続開始決定後に発生原因のある債権を取引先等が取得した場合，この債権は，破産債権とされる。

□□□ **問題 7** ★★★ 重要!

破産手続上，抵当権は別除権とされているので，仮に抵当権者が抵当権に基づいて競売の申立てをしていた場合でも，その競売手続は破産によって影響を受けることはない。

解答 4 ○

記述のとおりである（破産法148条１項７号）。

解答 5

ア. ×

設問後段は正しいが，設問前段が誤っている。解除により損害が生じた場合には，相手方は，その損害賠償債権等を破産債権として行使することができる（破産法54条１項）。

イ. ×

相当期間内に破産管財人の確答がないときには，破産管財人が解除を選択したものとみなされる（破産法53条２項）。

解答 6 ×

この場合の債権は，財団債権とされる。

解答 7 ○

抵当権は別除権とされている。なお，動産売買の先取特権などの特別の先取特権や商事留置権も別除権にあたる。また，譲渡担保権，仮登記担保権，所有権留保などの非典型担保も別除権に当たる。

3 破産手続開始決定後の強制執行・仮差押え・仮処分・強制競売

□□□ 問題 1
★★★
重要!

手続が進行中である仮差押えや強制執行は，破産手続開始決定によりその効力を失う。また，破産手続開始決定後は，新たな仮差押えや強制執行を申し立てることも禁止される。

4 否認権

□□□ 問題 1
★

破産手続開始決定がなされるまでの間に，債権者が破産者から債権の弁済を受けた場合，当該弁済は有効とされる。ただし，破産管財人が否認権を行使することがあり，それによって当該弁済の効力が破産財団との関係で否認されることがある。

5 相殺の制限

□□□ 問題 1
★★★

A社はB社に対して売掛金債権を有しているが，これが未払いの状態で，B社が破産手続開始決定を受けた。破産手続開始決定前に，A社がB社に対して金銭債務を負った場合，破産手続開始決定を受けた以上，A社は，相殺権を行使して売掛金債権を回収することはできないのが原則である。

□□□ 問題 2
★★

破産手続開始決定時までに，破産債権者は破産者に対して債務を負担していなかったとしても，破産手続開始決定後に，破産者に対して債務を負担した場合には，相殺により債権を回収できるという破産債権者の期待を保護する必要があるから，破産債権者は，破産手続によらずに当該債務と破産者に対する債権とを相殺することができる。

解答 1 ○

記述のとおりである。

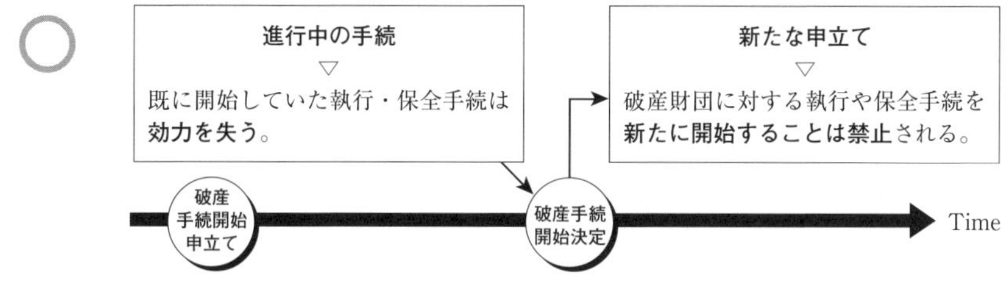

解答 1 ○

記述のとおりである（破産法160条等）。

解答 1 ×

破産者の債権者が，他方で，破産手続開始決定の時点で破産者に対して債務を負っている場合には，原則として，破産手続によらず相殺権を行使して債権を優先的に回収することができる（破産法67条）。

解答 2 ×

破産手続開始決定後に，破産債権者が破産者に対して債務を負担したとしても，相殺により債権を回収できるという期待を保護する必要はないから，当該破産債権者は，原則として相殺することができない（破産法71条１項１号）。

テーマ2 民事再生法

1 手続の特徴

□□□ 問題1 ★★

会社更生手続の対象となるのは，株式会社に限られるが，民事再生手続の対象となるのは法人であり，個人は民事再生手続の対象とはならない。

2 手続の概要

□□□ 問題1 ★★★

破産の原因となる事実が生ずるおそれがあるとき，または弁済期にある債務を弁済すれば事業の継続に著しい支障をきたすおそれがあるときに，債務者または債権者のいずれもが，民事再生手続開始申立てをすることができる。

□□□ 問題2 ★★★ 重要!

民事再生手続開始決定がなされても，原則として，引き続き従前の経営者に事業経営の権限や財産の管理処分権が帰属するが，例外的に，裁判所が監督委員を選任することがある。この場合，事業経営の権限等は監督委員に移行する。

□□□ 問題3 ★★

民事再生手続には管財人の制度が設けられておらず，民事再生手続開始決定がなされた後も，再生会社の事業経営権や財産の管理処分権は，当然に再生会社の従前の経営者に帰属する。

解答 1 ×

会社更生手続については正しい。しかし，民事再生法は，法人だけでなく個人もその適用対象としている。

解答 1 ×

再生手続開始の申立ては，原則として債務者自身が行うことができるが，債権者も，破産手続開始の原因となる事実が生ずるおそれがあることを理由とする場合には，再生手続開始の申立てを行うことができる（民事再生法21条）。しかし，事業の継続に著しい支障をきたすおそれがある場合には，債権者は民事再生手続開始申立てをすることはできない。

解答 2 ×

監督委員が選任された場合でも，財産の管理処分権や債務者の経営権は，原則として，債務者に帰属し，監督委員に帰属しない。

解答 3 ×

民事再生手続開始決定後も再生会社の事業経営権や財産の管理処分権は再生会社の従前の経営者に帰属するのが原則である。しかし，例外として，民事再生法にも管財人制度がある（民事再生法64条1項，66条）。

《監督委員と管財人の比較》

	監督委員	管財人
選任時点	再生手続開始の申立て時点	再生手続開始決定時点
常に選任されるか	常に選任されるとは限らない	常に選任されるとは限らない
管理処分権・経営権の有無	なし	あり

□□□ **問題 4**
★★★
重要!

民事再生法上，再生債務者の財産に設定された担保権は，原則として再生手続によらずに実行することができる。ただし，当該担保権の設定された財産が事業の再生に欠くことのできない財産であるときは，再生債務者は，一定の要件の下に，裁判所の許可を得て当該担保権を消滅させることができる。

3 再生計画

□□□ **問題 1**
★★

再生計画案の決議については，債権者集会を開催して議決権の行使を求める方法しか認められていない。

□□□ **問題 2**
★

民事再生法上，債務者または管財人が提出した再生計画案に対し可否の決定権を持つのは裁判所である。したがって，再生債権者が賛否を表明する機会は与えられていない。

4 取引先との関係

□□□ **問題 1**
★★★

民事再生手続開始決定前に発生原因のある債権は，原則として，再生債権として扱われ，作成される再生計画に従ってその弁済等を受ける。

□□□ **問題 2**
★★

民事再生法上，裁判所は，再生手続開始の決定と同時に，再生債権等の届出をすべき期間，再生債権等の調査をするための期間を定めることとされており，再生債権は，この指定された届出期日までに届け出ないと，原則として失権する。

解答 4　記述のとおりである。

《民事再生法における担保権の取扱い》

原則	例外
民事再生法では，担保権は**別除権**として扱われる。すなわち，原則として担保権者は**民事再生手続に関係なく**，担保権を実行できる。	①担保権実行中止命令制度 ②担保権消滅制度

解答 1　書面による決議も可能である（民事再生法169条２項２号，171条）。

解答 2　再生計画案については，債権者集会を開催して議決権の行使を求めることになる（民事再生法169条２項１号）。したがって，再生債権者が賛否等を表明する機会はある。

解答 1　記述のとおりである（民事再生法84条１項，85条１項）。

解答 2　記述のとおりである（民事再生法34条，94条，95条）。

□□□ 問題 3
★★★
重要!

民事再生手続開始の申立てを行った後，その決定を受ける前に，再生債務者が取引先から事業の継続に欠くことのできない原材料を購入した場合，この購入に先立って，再生債務者が当該原材料の代金債権を共益債権とする旨の裁判所の許可またはこれに代わる監督委員の承認を受けていた場合には，当該代金債権は共益債権となり，取引条件にしたがって随時弁済される。

□□□ 問題 4
★★★

再生手続開始決定後の取引に基づく再生会社に対する債権は，原則として，再生債権として扱われ，作成される再生計画に従ってその弁済等を受ける。

5 再生手続開始決定後の強制執行・仮差押え・仮処分・強制競売等

□□□ 問題 1
★★★

手続が進行中である強制執行は，民事再生手続開始決定により，その手続の進行は中止されることとなる。

□□□ 問題 2
★★

再生計画認可の決定が確定しても，原則として，再生債権者表には，確定判決と同一の効力は認められない。

解答３ ○

再生手続開始申立て後，開始決定までの間の取引によって生じた再生会社に対する債権は，原則として再生債権となる（民事再生法84条１項）。例外的に，①再生手続開始申立て後に債務者の行った資金の借入れ，②原材料の購入その他会社の事業の継続に欠くことのできない行為をした場合の債務者の債務については，裁判所の許可またはこれに代わる監督委員の承認によって共益債権とすることができ，取引条件に従って随時弁済される（民事再生法120条）。

解答４ ×

再生手続開始決定後の取引に基づく再生会社に対する債権は，共益債権となり，取引条件に従って随時弁済される（民事再生法121条１項）。

再生債権となる場合	共益債権となる場合
再生手続開始決定前に 発生原因のある債権	再生手続開始決定後の取引に 基づく再生会社に対する債権
再生手続開始申立て後，開始決定までの間の取引によって生じた再生会社に対する債権 →原則として再生債権となる。	再生手続開始申立て後，開始決定までの間の取引によって生じた再生会社に対する債権 →例外的に共益債権となる。

解答１ ○

記述のとおりである（民事再生法39条）。

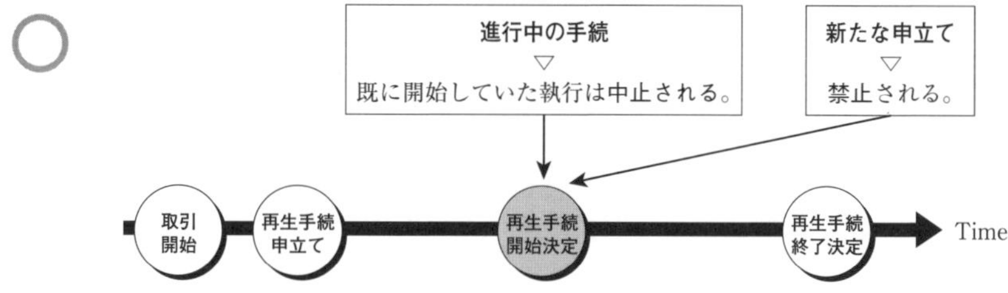

解答２ ×

再生計画認可決定の確定のときに，再生債権者表に対して確定判決と同一の効力が認められ，金銭債権について強制執行をすることができる。

6 債権者の相殺の時期および相殺の制限

□□□ 問題 1 ★★ 重要!

再生債権者が，再生手続開始決定時に再生会社に対して債務を負担している場合であっても，再生手続開始決定がなされた後は，再生債権者の債務を受働債権とし，再生債権者が有する再生債権を自働債権として，相殺することはできない。

□□□ 問題 2 ★★

再生債権者が，再生手続開始決定時に再生会社に対して債務を負担している場合には，再生手続開始決定がなされた後は，再生債権届出期間経過後であっても，再生債権者の債務を受働債権とし，再生債権者が有する再生債権を自働債権として，相殺することができる。

テーマ3 会社更生法

□□□ 問題 1 ★★

合同会社は会社更生手続を利用することができない。

□□□ 問題 2 ★★★ 重要!

破産法・民事再生法の場合と同様に，更生会社の財産に抵当権の設定を受けている債権者は，原則として更生手続によらずにその担保権を行使することができる。

□□□ 問題 3 ★

更生手続申立て後，開始決定までの間に，保全管理人の行為によって発生した債権は，更生債権となり，当該債権の債権者は原則として更生計画に従って弁済を受けることになる。これに対して，更生手続開始決定後の取引に基づく更生会社に対する債権は共益債権とされ，取引条件に従って随時弁済される。

□□□ 問題 4 ★

会社更生手続開始決定がなされると，それと同時に，裁判所は管財人を選任し，裁判所から選任された管財人に当該会社の事業経営権や会社財産の管理処分権が移行する。

解答1 ×

再生債権者が，再生手続開始の時点で再生会社に対して債務を負担している場合，一定の要件を満たしている場合に限り，相殺は許される（民事再生法92条）。

解答2 ×

再生債権者が，再生手続開始の時点で再生会社に対して債務を負担している場合，一定の要件を満たしている場合に限り，相殺は許されるが，再生債権者は再生債権届出期間末日までに相殺しなければならない（民事再生法92条）。

解答1 ○

会社更生手続の適用対象となるのは，株式会社，それも実際には倒産すると社会に与える影響が大きい大規模会社である。

解答2 ×

会社更生手続中は担保権の実行は禁止され，担保権者であっても更生手続に参加しなければ担保権を実行できない（会社更生法47条）。

解答3 ×

設問後段は正しい。しかし，前段が誤りである。更生手続開始申立て後，開始決定までの間に，保全管理人の行為によって発生した債権は，共益債権となり，取引条件に従って随時弁済される（会社更生法128条1項）。

解答4

記述のとおりである（会社更生法42条，72条）。

□□□ **問題 5**
★★

更生手続開始決定時に更生会社に対して債務を負担している更生債権者は，更生債権届出期間が経過した後であっても当該債務と更生債権を相殺することが可能である。

解答５ ×

更生債権者が，更生会社に対して債務を負担している場合，一定の要件を満たしている場合に限り，相殺は許されるが，更生債権者は更生債権届出期間末日までに相殺しなければならない（会社更生法48条）。

第3章 会社財産

第1節 流動資産の運用・管理の法的側面

最近，出題されているのは預金者保護法と民法478条です。

□□□ **問題1** ★★

預金者が金融機関から交付を受けたキャッシュカードが盗まれて預金がATMから不正に引き出された。この場合，預金者保護法により，預金者は常に保護される。

解答１

預金者保護法によると，預金者に重過失がある場合には，銀行は善意・無過失であれば免責される。また，下記※２の場合には預貯金者は補償を受けることはできない。よって，預金者は常に保護されるわけではない。なお，預金者保護法による金融機関の補償義務を軽減する特約は無効である。

《預金者保護法による預金者の保護》

預金者の過失の程度	偽造カードによる被害	盗難カードによる被害
重過失あり	補償なし　※１	補償なし　※１，２
軽過失あり	全額補償される	75%補償される　※１
無過失	全額補償される	全額補償される

※１　金融機関が善意・無過失の場合に限る。

※２　預貯金者の配偶者や二親等内の親族等一定の者が払い戻しをした場合，金融機関に対して虚偽の説明をした場合，盗難後２年以内に金融機関に通知をしなかった場合等も補償を受けることができない。

第2節 固定資産の管理と法律

ほぼ毎回1題程度出題されます。出題の中心は，不動産物権変動です。

1 不動産登記法

□□□ **問題1**
★★★

A・B間でA所有の甲土地をBに売却する旨の売買予約がなされ，Bは所有権移転の仮登記を行った。ところが，AはCにも甲土地を二重に売却し，Cは所有権移転登記を了した。その後，Bは当該仮登記に基づいて本登記を行った。この場合，Bは仮登記を先に備えたに過ぎず，先に本登記を備えたのはCなので，BはCに対して，甲土地の所有権の取得を対抗することができない。

□□□ **問題2**
★★★

A社が，B社との間で，B社の所有する甲土地を買い受ける旨の売買契約を締結した場合，甲土地の所有権は，特約のない限り，当該売買契約の締結時にA社に移転する。しかし，実際は，甲土地を所有しているのはC社であった場合は，A社は甲土地の所有権を取得できないのが原則であるが，A社とB社との間で当該売買契約がなされた時点で，A社が，B社を所有者とする甲土地の不動産登記簿の登記事項を信じ，かつ，B社が甲土地の所有者でないことを過失なく知らなかったときは，A社は，甲土地の所有権を取得することができる。

解答 1 仮登記には順位保全効がある。

《仮登記の効力－順位保全効》

【具体例】

4月1日に，A・B間でA所有の土地について売買予約がなされ，B名義の所有権移転請求権保全の仮登記がなされた。5月1日に，AはCに当該土地を売却し，Cは本登記を備えた。6月1日に，Bは仮登記に基づいて本登記をなした。

この場合，Bの本登記の対抗力は4月1日から認められ，BはCに当該土地の所有権を対抗できる。

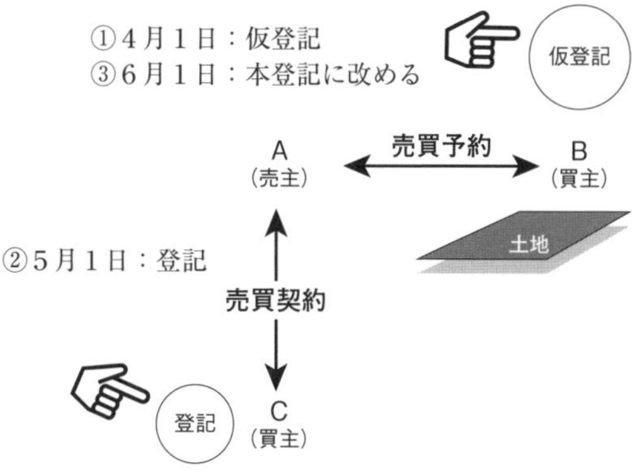

解答 2 設問前段は正しい。しかし，無権利者からは権利を取得できないのが原則であり，また，登記に公信力はないから，A社は，B社が無権利者であることにつき善意・無過失でも，甲土地の所有権を取得することはできないのが原則である。

×

□□□ **問題 3**
★

AはBに自己所有の甲土地を売却したが，Bが代金を支払ったにもかかわらず，Aは甲土地の所有権移転登記手続に協力しない。この場合，Bが，Aを被告として，甲土地の所有権移転登記手続請求訴訟を提起し，B勝訴の確定判決を得たとしても，登記の申請は，登記により不利益を受けるAと利益を受けるBが共同で行う必要があるため，Bは，単独で甲土地の所有権移転登記の申請をすることはできない。

2 民法177条

《177条の「第三者」》

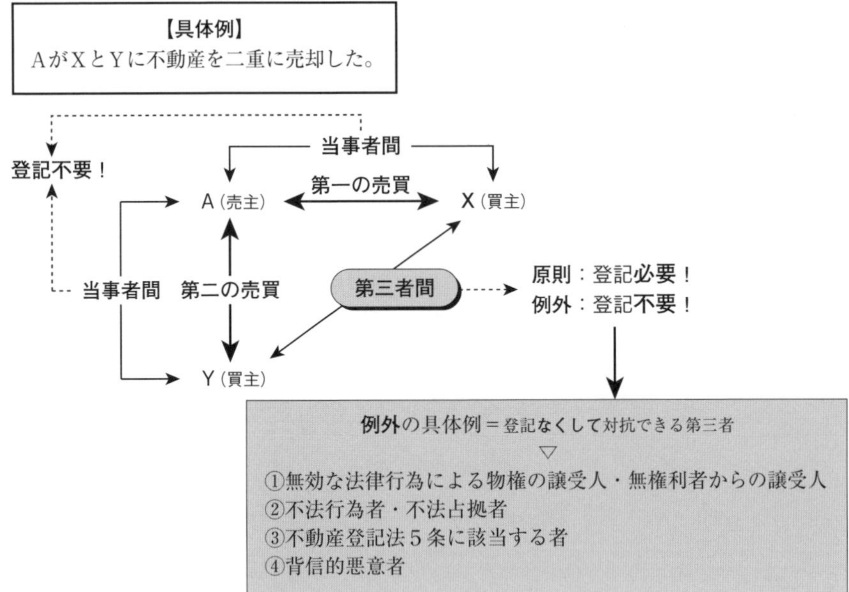

解答３　判決による登記については単独で申請できる。

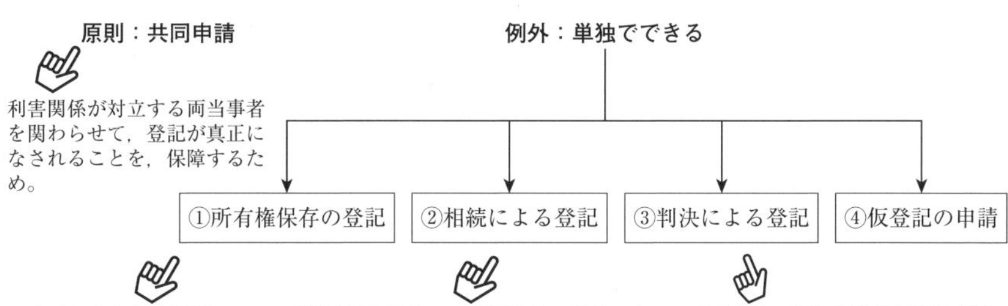
原則：共同申請
利害関係が対立する両当事者を関わらせて，登記が真正になされることを，保障するため。
例外：単独でできる
①所有権保存の登記
②相続による登記
③判決による登記
④仮登記の申請

初めになされる登記なので，利害関係の対立がないから。

相続を原因として，被相続人の所有であった不動産を相続人が登記する場合は，登記義務者は死亡しているので利害の対立がないから。

売主などの登記義務者が登記申請に非協力的な場合，買主は訴訟で，「登記手続を命じる判決」を得て，単独申請できる。

□□□ 問題 1
★★

A社が，B社との間で，B社の所有する甲土地を買い受ける旨の売買契約を締結した場合，A社は，B社に対して，所有権移転登記手続への協力を請求することもできるし，所有権移転登記を経ていなくても，甲土地の所有権が自己にあることを主張して，甲土地の引渡しを請求することもできる。

□□□ 問題 2
★★

A・B間でA所有の甲土地をBに売却する旨の売買契約がなされた。A・Bから移転登記手続きについて委任を受けたCは，甲土地が欲しくなり，Aを説得して甲土地を購入し，移転登記を了した。この場合，Bは所有権移転登記を備えていなくても，Cに対して甲土地の所有権を対抗することができる。

□□□ 問題 3
★★★
重要!

AはBに対して自己所有の甲土地を売却し，引き渡したが，所有権移転登記は未了であった。その後，Aは甲土地をCにも売却し，所有権移転登記を了した。この場合，Cの詐欺によりBの甲土地所有権移転登記の申請が妨げられたという事情があったとしても，Cが先に甲土地の所有権移転登記を具備している以上，所有権移転登記を具備していないBは，Cに対して，甲土地の所有権取得を対抗することはできない。

□□□ 問題 4
★★★

AはBから甲土地を購入したが，Aが所有権移転登記を経る前に，Bの債権者であるCの申立てにより，甲土地に差押えが執行されその旨の登記がなされた。その後，甲土地につき強制競売が行われ，Dがこれを競落した。この場合，AはDに対して，甲土地の所有権の取得を対抗することができる。

解答 1

○

不動産の売買契約の売主は，買主に対して，目的不動産の登記を備えさせる義務を負うから（民法560条），設問前段は正しい。そして，民法上，売買契約によって目的物の所有権が売主から買主に移転するのは，特約のない限り，原則として当事者間で意思表示が合致した時であるから，A社は甲土地の売買契約締結時に甲土地の所有権を取得する。また，不動産に関する物権の得喪および変更（不動産物権変動）は，不動産登記法などに従って登記をしなければ，第三者に対抗することができない。しかし，当事者間では対抗要件は不要である。従って，A社は，B社に対して，所有権移転登記を経ていなくても，甲土地の所有権が自己にあることを主張して，甲土地の引渡しを請求することができる。

解答 2

○

他人のために登記を申請する義務を負う第三者に対しては，登記がなくても対抗できる（不動産登記法5条）。

解答 3

×

詐欺または強迫により登記申請を妨げた第三者に対しては，登記がなくても対抗できる（不動産登記法5条）。

解答 4

差押債権者は民法177条の「第三者」に該当する。したがって，先に差押登記がなされているので，Aは，強制競売の買受人Dに所有権取得を対抗できない。

第3節 知的財産権

毎回，3題程出題されます。特許権と著作権は必ず出題されています。

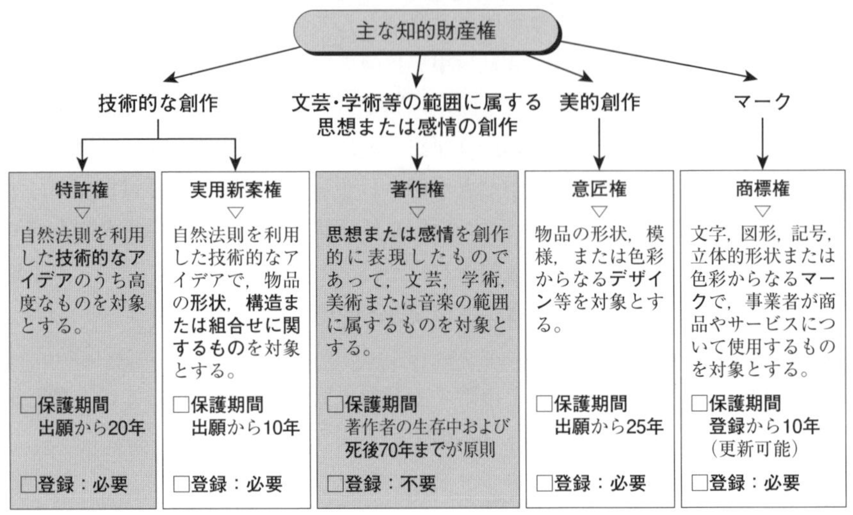

主な知的財産権
技術的な創作
文芸・学術等の範囲に属する思想または感情の創作
美的創作
マーク
特許権
自然法則を利用した技術的なアイデアのうち高度なものを対象とする。
□保護期間 出願から20年
□登録：必要
実用新案権
自然法則を利用した技術的なアイデアで，物品の形状，構造または組合せに関するものを対象とする。
□保護期間 出願から10年
□登録：必要
著作権
思想または感情を創作的に表現したものであって，文芸，学術，美術または音楽の範囲に属するものを対象とする。
□保護期間 著作者の生存中および死後70年までが原則
□登録：不要
意匠権
物品の形状，模様，または色彩からなるデザイン等を対象とする。
□保護期間 出願から25年
□登録：必要
商標権
文字，図形，記号，立体的形状または色彩からなるマークで，事業者が商品やサービスについて使用するものを対象とする。
□保護期間 登録から10年（更新可能）
□登録：必要

テーマ1 特許権

1 特許権とは

□□□ **問題 1** ★★

医薬品会社に勤務するAは，医薬品甲と医薬品甲を生産する方法のいずれについても，自然法則を利用した高度の技術的思想の創作を行った。この場合，特許法上，コンピュータプログラムを含む物の発明については特許を受けることができるが，物を生産する方法の発明については特許を受けることはできないとされているため，医薬品甲については特許を受けることができるが，医薬品甲を生産する方法について特許を受けることはできない。

解答１ 物の発明だけでなく，物を生産する方法の発明も，特許法上保護される発明に含まれる。

2 特許を受ける権利

□□□ 問題 1
★

洗濯機の使用水量を節減する装置を発明したAは，その発明について特許を受ける権利を取得する。この特許を受ける権利は譲渡することはできないが，Aが融資を受ける際，Aは，当該発明についての特許を受ける権利に質権を設定することはできる。

□□□ 問題 2
★★

冷蔵庫の消費電力を節減する装置を発明したAは，当該装置について特許出願をする前に，当該装置についての特許を受ける権利をX社に譲渡した。この場合，当該特許を受ける権利の移転の効力が生じるためには，AとX社との間の合意に加えて，X社が特許出願をする必要がある。

3 職務発明

□□□ 問題 1
★★

A社の従業員Bが，特許法上の職務発明に該当する発明をして，当該職務発明について特許権を取得した場合，A社と特許権者Bとの間で，当該職務発明について実施許諾契約が締結されなければ，A社は当該職務発明を実施することはできない。

□□□ 問題 2
★★★

A社の従業員Xは職務発明をし，職務発明規定により，A社は当該発明について特許を受ける権利を取得した。この場合，当該職務発明規定に特許を受ける権利の承継によってA社がXに支払うべき対価についての定めがなかったとしても，特許法上，Xは相当の金銭その他の経済上の利益（相当の利益）を受ける権利を有する。

解答 1

×

発明されると，発明者に特許を受ける権利が原始的に帰属する。特許を受ける権利は，財産権であるため，出願前でも出願後でも譲渡可能である。しかし，特許を受ける権利に質権を設定することは認められない（特許法33条２項）。

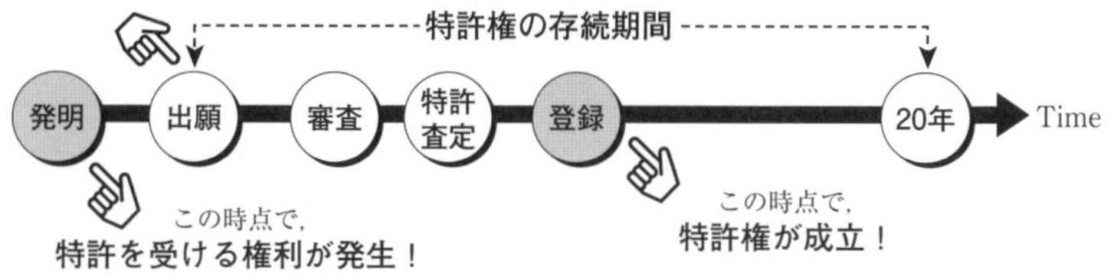

解答 2

×

特許出願前の特許を受ける権利の移転については，特許出願をすることは第三者に対する対抗要件であり，効力要件ではない。

解答 1

×

職務発明により当該発明をした従業員が特許権の設定登録を受けた場合，当該発明をした従業員から実施許諾を受けなくても，企業等の使用者はその発明を実施する権利（通常実施権）を有する（特許法35条１項）。

解答 2

記述のとおりである（特許法35条４項）。

4 特許出願の手続

(1) 先願主義

□□□ 問題 1 ★★★ 重要!

AとBが同じ発明をした。Aは当該発明をBよりも半年先に発明していたが，先に出願したのはBであった。この場合，先に発明をしたAが特許権を取得する。

(2) 出願公開制度

□□□ 問題 1 ★

特許出願人が特許庁長官に対して出願公開の請求をしたときは出願公開されるが，出願公開の請求がなされないまま一定の期間が経過したことにより公開されることはない。

□□□ 問題 2 ★

A社は発明Xを出願し，Xは出願公開されている。これをB社がXの特許登録前にA社に無断で実施した。この場合，Xの特許登録前であっても，A社はB社に対して補償金請求権を行使することができる。

(3) 審査

□□□ 問題 1 ★★

特許庁に特許出願をした場合，当然に特許要件を充足しているかの審査がなされるので，あらためて出願審査の請求をする必要はない。

5 実施権の設定

(1) 専用実施権

□□□ 問題 1 ★★★ 重要!

専用実施権は，特許権者と実施権者との間で専用実施権設定契約を締結すれば当然に発生し，特許庁に専用実施権の設定登録をする必要はない。

解答 1

×

特許法は先願主義を採用している（特許法39条１項）。なお，著作権を除く知的財産権はすべて先願主義を採用している。

解答 1

×

特許出願の日から１年６カ月経過した場合には，出願公開請求がなくとも，公開される。

解答 2

×

出願公開後，特許権の設定登録前に第三者が業として当該出願にかかる発明を実施した場合には，出願人に補償金請求権が認められる。しかし，補償金請求権は，特許権の登録後にはじめて行使できる。

解答 1

×

特許出願がなされた後，一定期間内に特許庁長官に対して出願審査の請求をした出願についてのみ審査がなされる（特許法48条の２）。

解答 1

×

特許庁にその旨を設定登録することで専用実施権が発生する（特許法98条）。

	特許権者は実施できるか？	特許権者が他の者に実施権を許諾できるか？	実施権者が他の者に実施権を許諾できるか？	特許庁への登録が必要か？
専用実施権	できない	できない	できる	必要
独占的通常実施権	できる	できない	できない	不要
通常実施権	できる	できる	できない	不要

□□□ **問題 2**
★★

専用実施権は，設定行為で定めた範囲内において，業として，特許発明を独占的に実施することができる権利である。専用実施権を設定した範囲では特許権者が，第三者に重ねて実施権を許諾できないだけでなく，特許権者自身も特許発明を実施することができなくなる。

(2) 通常実施権

□□□ **問題 1**
★★

発明甲について特許権を取得したA社は，B社との間で，特許発明甲についてB社に通常実施権を許諾する旨の契約を締結した。この場合，B社は，当該通常実施権の許諾について特許原簿への登録をしなくても特許発明甲について通常実施権を取得できるが，登録をしなければ，その後にA社から特許発明甲について専用実施権を取得した第三者に対して，自己の通常実施権を対抗することができない。

□□□ **問題 2**
★★★

発明甲について特許権を有するA社は，B社との間で特許発明甲についてB社に通常実施権を許諾する契約を締結した。この契約において，「特許発明甲についての特許権消滅後もB社が特許発明甲の技術を使用するためには，A社の許諾を得て，かつ，その使用料を支払う。」旨の条件をA社が付して当該通常実施権許諾契約が締結されたとしても，独占禁止法に違反することはない。

□□□ **問題 3**
★★

特許権者は第三者に対しても当該特許権を実施させることができる。そのためには，実施権設定（許諾）契約を行うのが通常であるが，第三者が当該特許権につき当然に実施権を取得する場合もある。

解答 2

【専用実施権の特徴】

①特許権者であっても，専用実施権を設定した範囲において実施が制限される。

②特許権者は同一範囲の実施権を重ねて設定・許諾することはできない。

③特許庁に登録することで専用実施権が発生する。この専用実施権の設定を受けた者を専用実施権者という。

④専用実施権者は，特許権者の承諾を得た場合に限り，その専用実施権について質権を設定し，または他人に通常実施権を許諾することができる。

解答 1

特許庁に設定登録を行わなくても，実施権許諾契約で通常実施権は発生する。また，通常実施権は，登録しなくても，その通常実施権発生後に特許権や専用実施権を取得した第三者に対して対抗できる（特許法99条）。

解答 2

「特許発明甲についての特許権消滅後もB社が特許発明甲の技術を使用するためには，A社の許諾を得て，かつ，その使用料を支払う。」旨の条件を付して通常実施権許諾契約を締結することは，B社の事業活動を不当に拘束する条件を付したものといえるから，A社の行為は，不公正な取引方法として独占禁止法に違反することがある。

解答 3

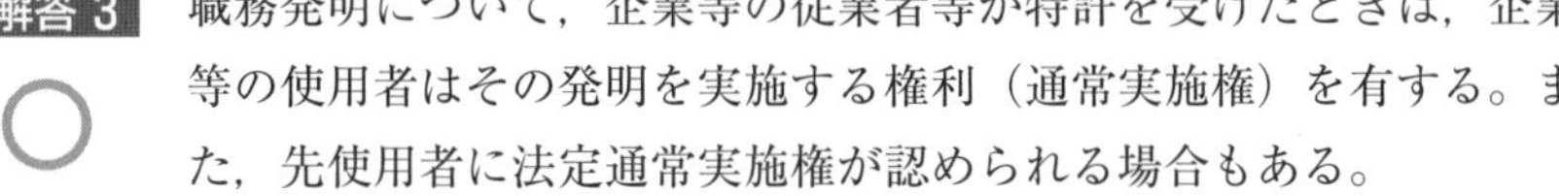

職務発明について，企業等の従業者等が特許を受けたときは，企業等の使用者はその発明を実施する権利（通常実施権）を有する。また，先使用者に法定通常実施権が認められる場合もある。

(3) 独占的通常実施権

□□□ 問題1 ★★

独占的通常実施権は，専用実施権と同様に，実施権者はその独占権を特許庁に登録することができる。

6 特許権の移転

□□□ 問題1 ★

特許権の移転には，一般承継と，特定承継とがある。一般承継の場合には，登録をした上で特許庁長官に届け出なければ第三者に権利を対抗できない。

□□□ 問題2 ★★★

A社は自己の有する特許権をB社に売却しようと考えている。A社とB社が当該売買契約を締結し，特許庁に譲渡があった旨の届け出があった時に，特許権の移転の効力が発生する。

7 特許権侵害

□□□ 問題1 ★★★

特許権侵害事件が発生した場合，被害者は，加害者に対して，その被った損害の賠償を請求することができるほか，侵害行為の差止めを請求することができる。また，加害者の故意または過失による侵害行為により被害者が業務上の信用を害されたときは，被害者は加害者に対して信用回復措置を請求することができる。

解答 1

×

独占的通常実施権は，法律上はあくまで通常実施権と同じであり，独占的である旨の登録をすることはできない。

解答 1

×

一般承継の場合，登録は不要である。また，登録がなくても第三者に権利を対抗できる。

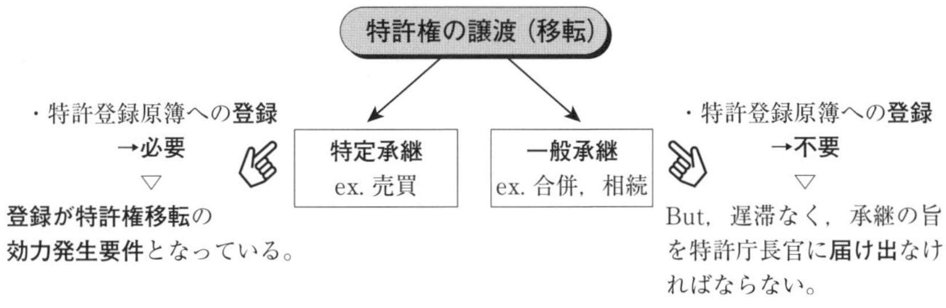

解答 2

×

売買契約に基づく特許権の移転は，譲渡人と譲受人との間で特許権の売買契約を締結するとともに，特許登録原簿に登録しなければ，その効力を生じない（特許法98条1項1号）。

解答 1

記述のとおりである（特許法100条，106条，民法709条）。

□□□ 問題 2
★★

特許権侵害を理由とする損害賠償請求は，民法上の不法行為の規定を根拠とする請求である。特許法には，損害賠償請求に関する規定は存在しないので，被害者は，加害者の故意または過失ならびに損害の発生およびその額等をすべて主張立証できなければ，加害者に対して損害賠償を請求することはできない。

8 共同発明・特許権の共有

□□□ 問題 1
★

AとBが特許を受ける権利を共有している場合，A・B共同でなければ特許出願できない。また，AとBが特許権を共有している場合は，Aは，契約で別段の定めをした場合を除き，Bの同意を得なくてもその特許発明の実施をすることができる。

□□□ 問題 2
★

AとBが特許権を共有している場合，Aは，Bの同意を得なくても，その特許権についてCに通常実施権を許諾することができる。

テーマ 2 実用新案権

□□□ 問題 1
★★★

特許権の登録と実用新案権の登録を比較すると，実用新案権の登録は，事前の実体審査を経ることなく，出願の形式などの方式審査のみが行われ，早期に登録がなされるので，特許権の登録と比べて，迅速に権利化することができる。

特許法は特許権者保護のため，損害額の推定，過失の推定の規定を設けている（特許法102条，103条）。

解答 1

【共同発明の特徴】

1．共同発明の場合，特許を受ける権利は共同発明者全員が共有することになる。そのため，

①特許出願をするときは，共有者全員で出願をしなければならない。

②特許権が設定登録された場合には，その特許権は特許を受ける権利の共有者の共有となる。

2．特許権が共有にかかる場合は，持分権の譲渡，実施権の設定・許諾等には，他の共有者の同意が必要である。

3．各共有者は，契約で別段の定めをした場合を除き，他の共有者の同意を得ないでその特許発明の実施をすることができる。

解答 2

特許権の共有の場合は，各共有者は，他の共有者の同意を得なければ，その特許権について専用実施権の設定や通常実施権の許諾をすることができない（特許法73条３項）。

解答 1

記述のとおりである（実用新案法14条２項）。

□□□ 問題 2 ★★

A社が有する実用新案権をB社が侵害した。A社はB社に対し，当該登録実用新案についての実用新案技術評価書を提示して警告をした後でなければ，B社に対して損害賠償請求できない。

□□□ 問題 3 ★★

A社が有する実用新案権をB社が侵害した。A社はB社に対し，実用新案権侵害を理由に損害賠償を請求し，その支払いを受けた。その後，当該実用新案登録を無効にすべき旨の審決が確定した場合，実用新案権者であったA社は，原則として，その権利の行使によりBに生じた損害を賠償する責任を負う。

□□□ 問題 4 ★★

A社は実用新案権Xを有している。A社は，実用新案登録出願の日から一定の期間内であれば，原則として自己の実用新案登録Xに基づいて特許出願できる。

テーマ3 意匠権

□□□ 問題 1 ★★★

動産の形状・模様・色彩またはこれらの結合（形状等）は意匠権の保護の対象となるが，不動産である建築物の形状等は意匠権の保護の対象とはならない。

□□□ 問題 2 ★★

たとえばカメラの全部ではなく，一部について意匠登録の要件を備えていれば，当該部分について意匠登録を受けることができる。

□□□ 問題 3 ★★

たとえばカップとソーサーのように，当該カップとソーサーについて意匠登録の要件を備えていれば，それらを1組の意匠として意匠登録することができる。

解答 2 記述のとおりである（実用新案法29条の2）。

○

解答 3 記述のとおりである（実用新案法29条の3）。

○

解答 4 出願の日から3年以内であれば，原則として，実用新案登録に基づいて特許出願できる。

○

解答 1 意匠権の保護の対象となる意匠には，①物品の形状・模様・色彩またはこれらの結合（形状等）であって，視覚を通じて美感を起こさせるものだけでなく，②建築物の形状等や③一定の画像であって，視覚を通じて美感を起こさせるものも含まれる（意匠法2条1項）。よって，建築物の形状等も意匠権の保護の対象となりうる。

×

解答 2 部分意匠制度により意匠登録できる（意匠法2条）。

○

解答 3 組物の意匠も認められる（意匠法8条）。

○

□□□ **問題 4**
★★

意匠にかかる物品の形状や模様が物品の有する機能に基づいて変化する場合，その変化の前後にわたるその物品の形状や模様自体は，意匠登録の対象とはならない。

□□□ **問題 5**
★

意匠登録出願前に日本国内または外国において公然知られた意匠については，新規性を喪失し，意匠権の設定登録を受けることができない。しかし，自分が創作した意匠を自ら公開した場合には新規性を喪失せず，意匠権の設定登録を受けることができる。

□□□ **問題 6**
★★

大量生産されるティーカップに施された模様については，著作権法上の著作物としては保護を受けることができるが，意匠権として保護の対象にはならない。

□□□ **問題 7**
★★

登録意匠の意匠権者に無断でその登録意匠に類似する意匠を業として実施する行為は，意匠権の侵害に当たらない。

解答4

動的意匠も認められる（意匠法6条4項）。

【動的意匠の具体例】

たとえば，冷蔵庫のデザインでは，扉を閉じたときのデザインだけでなく，庫内の使いやすさや機能性に関係する庫内のデザインもまた重要である。したがって，冷蔵庫について意匠登録を受けるメーカー側からいえば，扉を閉じた状態のデザイン，扉を開いた状態のデザインの両方について意匠権がほしい。その際に用いられるのが，動的意匠である。

解答5 ×

設問前段は正しい。しかし，自分が創作した意匠を自ら公開した場合，一定の要件を充たす例外を除き，原則として新規性を喪失する。

工業上利用性があるデザインについては，意匠権として保護される。

工業上利用性	新規性	創作非容易性

工業的方法により量産可能なものであることをいう。	出願前に公知となっていないことをいう。	既存のものから容易に創作できないことをいう。

解答7

意匠権者は，意匠登録を受けた意匠（登録意匠）および登録意匠に類似する意匠を，業として独占排他的に実施する権利を有する（意匠法23条）。したがって，意匠権者に無断でその登録意匠に類似する意匠を業として実施する行為も意匠権の侵害に当たる。

なお，意匠権者は，意匠権を侵害した者に対して，差止請求，損害賠償請求等をすることができる。

テーマ4 商標権

□□□ 問題1 ★★

商標登録を受けることができる標章には，人の知覚によって認識することができるもののうち，文字，図形，記号は含まれるが，立体的形状もしくは色彩またはこれらの結合や音などは含まれない。

□□□ 問題2 ★★

A社は，自社で製造する新商品のチョコレートについて，「甲」というマークを付けて販売するため，「甲」について商標登録を受けようとしている。この場合，B社が製造・販売するチョコレートについて，「甲」に類似するマークについて商標登録を受けていたとしても，A社は，自社で製造する新商品のチョコレートを指定商品として，「甲」について商標登録を受けることができる場合がある。

□□□ 問題3 ★★

商標登録については，商標登録出願の形式面についての審査のみを行って商標権の設定登録を行う早期登録制度がとられているため，商標出願があったときは，その商標出願が放棄され，取り下げられ，又は却下された場合を除き，商標権は設定登録される。

□□□ 問題4 ★★★ 重要!

意匠権の存続期間は，登録から20年であるが，商標権の存続期間は，登録から10年である。また，当該存続期間が満了した場合，意匠権については，更新が可能であるのに対して，商標権については，期間満了により消滅する。

解答 1

×

商標登録を受けることができる標章には，人の知覚によって認識することができるもののうち，文字，図形，記号，立体的形状もしくは色彩またはこれらの結合のほか，音が含まれる（商標法２条）。

解答 2

○

商標登録を受けようとする者は，すでに第三者が当該商標と同一又は類似の指定商品にかかる同一又は類似の商標について商標登録を受けていたときは，原則として商標登録を受けることができない。ただし，令和５年の商標法の改正により，①出願人が先行登録商標の権利者の承諾を得ており，かつ②先行登録商標の権利者の業務に係る商品または役務との間で混同を生ずるおそれがない場合には，例外的に商標登録を受けることができることになった（令和６年６月までに施行）。したがって，A社は，自社で製造する新商品のチョコレートを指定商品として，「甲」についての商標登録を受けることができる場合がある。

解答 3

×

商標権は，願書に登録を受けたい商標を記載するとともに商品・役務を指定して特許庁に出願し，一定の審査手続（通常12カ月以上を要す）を経て設定登録されるものであり，商標権の登録については，実用新案権のような早期登録制度は採られていない。

解答 4

×

意匠権の存続期間は出願から25年である。また，意匠権は期間満了により消滅し，商標権は更新登録が可能である。

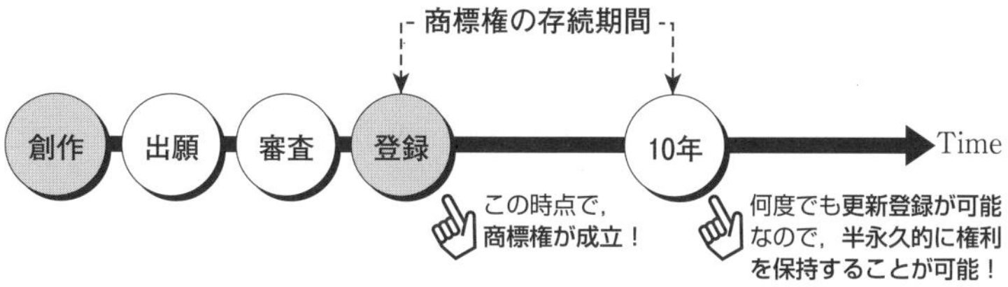

□□□ **問題 5**
★★★
重要!

商標権者は，自己の登録商標と同一の指定商品について，商標権者に無断で当該登録商標と同一の商標を使用している者に対して，その使用の差止めを請求することができるが，自己の登録商標と同一の指定商品について，商標権者に無断で当該登録商標と類似の商標を使用している者に対しては，その使用の差止めを請求することはできない。

□□□ **問題 6**
★★

商標権者が，日本国内において一定の期間継続してその登録商標を使用していない場合であっても，専用使用権者・通常使用権者のいずれかが指定商品について当該登録商標を日本国内で使用している場合には，当該登録商標の商標登録は不使用商標として取り消されない。

テーマ5 著作権

1 著作物・職務著作・著作権の有効期間・著作権の保護の制限

□□□ **問題 1**
★★★
重要!

二次的著作物を創作するには原著作物の権利者の許諾を得る必要があり，原著作物の権利者の許諾を得ない場合には，著作権法の保護を受けることはできない。

□□□ **問題 2**
★★★
重要!

法人の従業員がその職務に関連して創作した著作物で企業の名義のもとに公表されるものを職務著作というが，この職務著作は，就業規則や労働契約等で別段の定めがなければ原則として従業員が著作者となり，企業にはその著作物を利用する権利が認められる。

□□□ **問題 3**
★★

著作権が成立するためには，創作だけでは足りず，文化庁への登録が必要である。

解答 5

商標権者は，登録商標及び指定した商品・役務の類似範囲での他人の使用を禁止することができる（禁止権）。したがって，商標権者に無断で当該登録商標と類似の商標を使用している者に対しても，その使用行為の差止めを請求することができる。

解答 6

○

商標登録を受けた商標を一定の期間継続して使用していない場合，第三者は，取消審判請求の手続（商標法50条）により，当該登録商標の商標登録の取消しを求めることができる。しかし，取消審判請求の要件として，商標権者・専用使用権者・通常使用権者のいずれもが当該登録商標を使用していないことが必要である。

解答 1

×

原著作物の権利者の許諾を得ずに二次的著作物を創作した場合，著作権侵害に該当するが，二次的著作物自体は著作権法の保護を受ける。

解答 2

職務著作については，原則として法人が著作者となる。

解答 3

著作権は，創作の時点で成立する。

□□□ **問題 4**
★★

著作権の有効期間は，原則として著作物創作の時から著作者の死後70年を経過するまでの間である。

□□□ **問題 5**
★★

他人の著作権の目的となっている著作物は，個人的にまたは家庭内その他これに準じる限られた範囲内において使用することを目的とするときであっても，著作権者の許諾を得ずにその著作物を複製することはできない。

□□□ **問題 6**
★★

公表されている著作物は，引用して利用することができるが，その場合，その著作物の出所を，その複製または利用の態様に応じ合理的と認められる方法および程度により，明示しなければならない。

2 著作権・著作者人格権

□□□ **問題 1**
★★★
重要!

雑誌の編集および発行を行っているＡ社は，小説家のＢに，Ａ社が発行する雑誌に掲載する新作の小説の執筆を依頼し，その契約において，Ｂが執筆した小説の著作権をＡ社がＢから譲り受ける旨が定められた。この場合，著作権法上，Ａ社は，当該小説について，著作権および著作者人格権を取得する。

□□□ **問題 2**
★★

著作者人格権の成立には著作者が文化庁において登録する必要がある。これに対して，著作権は創作により成立し，その登録の必要はない。

解答 4 ○

記述のとおりである（著作権法51条）。

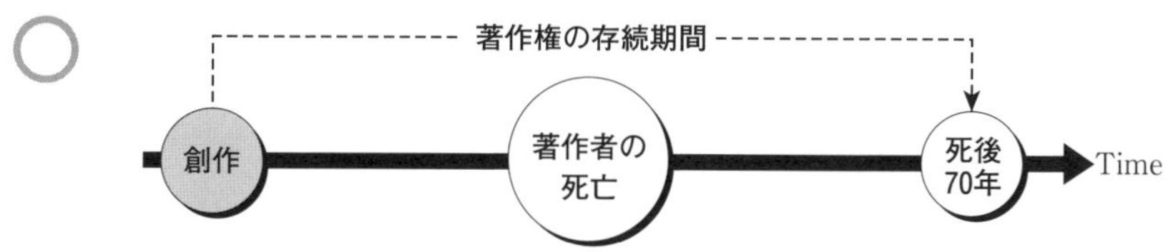

解答 5 ×

他人の著作権の目的となっている著作物は，個人的にまたは家庭内その他これに準じる限られた範囲内において使用することを目的とするときは，著作権者の許諾を得ていなくても，原則として，その使用する者が複製することができる（著作権法30条）。

解答 6

記述のとおりである（著作権法32条，48条）。

解答 1 ×

著作権法上，著作権は，その全部または一部を他人に譲渡することができるが（著作権法61条１項），著作者人格権は，著作者が著作物について有する人格的利益を保護する権利であり，他者に譲渡し得ない一身専属的な権利である（著作権法59条）。

解答 2 ×

著作者の有する権利としては，著作権と著作者人格権とがあり，いずれも著作物を創作するだけで成立し，登録等を要しない。

□□□ **問題 3**
★★
重要!

著作者人格権は，①公表権（著作物を公表する，公表しないを自由に決定する権利），②氏名表示権（著作物の原作品に著作者名を表示し，または表示しないこととする権利），③同一性保持権（著作物およびその題号の同一性を保持する権利）の３つの権利から構成されている。これは一身専属的な権利であり，著作者の死後70年を経過するまでの間，存続する。

3 共有著作権と共同著作物の著作者人格権

□□□ **問題 1**
★★

共同著作物に対する著作権は，当該著作物を創作した複数の著作者の共有になる。これを共有著作権というが，この権利は，その共有者全員の合意によらなければ行使することができない。ただし，各共有者は，正当な理由がない限り，この合意の成立を妨げることができない。

□□□ **問題 2**
★★

ＡとＢが共同著作物を創作し，共同著作物について，ＡとＢが共有著作権を有していた場合，Ａが先に死亡し，その後にＢが死亡した場合，当該共有著作権は，原則として，Ａの死後70年を経過するまでの間，存続する。

4 著作権の利用許諾および譲渡

□□□ **問題 1**
★★

著作権者は，他人に対し，その著作物の利用を許諾することができ，利用許諾を受けた者は，許諾された利用方法及び条件の範囲内でその許諾に係る著作物を利用できる。この著作権者から許諾を受けて著作物を利用する権利（利用権）は，登録しなければ，当該利用権に係る著作物の著作権を取得した者その他の第三者に対抗することができない。

□□□ **問題 2**
★

著作物に関する複製権を有する者は，他の者に対してその著作物の出版権を設定することができるが，著作権法上，出版権の設定を受けた者はその設定を登録することは認められていない。

解答 3 ×

著作者人格権は一身専属的権利であり（著作権法59条），原則として著作者が死亡すれば消滅する。

解答 1

記述のとおりである（著作権法65条２項・３項）。

解答 2 ×

共同著作物については，共有著作権の保護期間は，最後に死亡した著作者（本問ではＢ）の死後70年を経過するまでの間である（著作権法51条）。

解答 1 ×

設問前段は正しい（著作権法63条１項・２項）。しかし，著作権者から利用許諾を受けた者の当該著作物の利用権は，登録しなくても，当該利用権に係る著作物の著作権を取得した者その他の第三者に対抗することができる（当然対抗制度：著作権法63条の２）。

解答 2 ×

出版権者は独占的にその著作物を文書または図画として出版する権利を有し，出版権の設定を登録することによってこれを第三者に対抗することができる（著作権法88条１項１号）。

□□□ **問題 3**
★★★
重要!

著作権者は，著作権を他人に譲渡することができ，著作権を譲渡した旨の登録をしなくても第三者に対抗することができる。

5 著作権侵害

□□□ **問題 1**
★★★

著作権者に無断でその著作物を複製し，これを販売して商売をする行為は，その著作物についての著作権を侵害するから，当該行為者は，著作権者からその差止請求，損害賠償請求，名誉回復措置請求等を受けることはあるが，刑事罰が科される可能性はない。

□□□ **問題 2**
★

著作物が記録され，技術的保護手段により複製が防止されている市販のＤＶＤを購入した者が，そのことを知りながら，当該技術的保護手段を回避し，当該ＤＶＤを複製した場合であっても，その者が私的使用を目的として当該ＤＶＤを複製しているのであれば，当該ＤＶＤの複製は，その著作物についての著作権を侵害しない。

□□□ **問題 3**
★★

Ａ社は自社の商品の包装箱に使用するキャラクターのデザインの作成をＡ社の従業員Ｘに指示し，Ｘはその指示にしたがってキャラクター甲をデザインした。その後，デザイン制作会社であるＢ社が，何の権原もなく，甲を模倣して甲と類似するキャラクターを作成した場合，Ｂ社の行為は，キャラクター甲についてのＡ社の著作権を侵害する。

解答３

著作権法上，著作権は，その全部または一部を他人に譲渡することができるが（著作権法61条１項），著作権の譲渡は，登録をしなければ第三者に対抗できない（著作権法77条１号）。

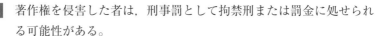

	著作権	著作者人格権
創作した場合の登録の要否	登録不要 （創作するだけで成立する）	登録不要 （創作するだけで成立する）
譲渡性の有無	譲渡性あり	譲渡性なし
譲渡した場合の登録の要否	登録しないと 対抗できない	（譲渡性がない以上， 問題とならない）

解答１

著作権を侵害した者は，刑事罰として拘禁刑または罰金に処せられる可能性がある。

解答２

技術的保護手段の回避行為（技術的保護手段として用いられている信号を除去もしくは改変する行為，または技術的保護手段として暗号化された著作物等にかかる音や映像を復元する行為）により，当該技術的保護手段によって防止されていた複製が可能となったことを知りながら，著作物を複製した場合，私的使用目的であっても侵害行為に該当する（著作権法30条１項２号）。

解答３

Ａ社の指示によりＡ社の従業員が創作したキャラクター甲は職務著作に該当し，その著作者はＡ社であり，Ａ社がキャラクター甲についての著作権を有することになる。したがって，Ｂ社が，何の権原もなく，甲を模倣して甲と類似するキャラクターを作成する行為は，キャラクター甲についてのＡ社の著作権を侵害する。

□□□ 問題4 ★

リーチサイト（著作権侵害コンテンツ（違法にアップロードされた著作物等）へのリンク情報等を集約したウェブサイト）等を運営する行為等は，著作権法上，刑事罰の対象とされている。

□□□ 問題5 ★

違法にアップロードされたものだと知りながら侵害コンテンツをダウンロードすることは，一定の要件の下で，私的使用目的であっても違法とされ著作権侵害となり，正規版が有償で公衆に提供されているもののダウンロードを継続的にまたは反復して行う場合は，刑事罰の対象となる。

テーマ6 営業秘密

□□□ 問題1 ★★★

企業秘密が不正競争防止法上の営業秘密として保護されるためには，当該情報が事業活動に有用であること（有用性），公然と知られていないこと（非公知性）に加えて，当該情報にアクセスできる者を制限するとともに，当該情報にアクセスした者がそれを秘密であると認識できるようにするなど，当該情報が秘密として管理されていること（秘密管理性）が必要である。

□□□ 問題2 ★

営業秘密として不正競争防止法上の保護を受けるためには，たとえば，当該情報によって商品の研究開発に役立つなど当該情報が事業活動に有用であること（有用性）が必要であるから，成功した実験のデータは有用性の要件を充たすが，失敗した実験のデータは有用性の要件を充たさない。

□□□ 問題3 ★★

Aが不正の手段によりＢ社の営業秘密を取得した場合，Aがその営業秘密を使用したり，第三者に開示したりするつもりもなく取得したにすぎず，実際にその営業秘密を使用したり，第三者に開示していなくても，Aの行為は，不正競争防止法上の不正競争に該当する。

解答 4

○

記述のとおりである。なお，リーチサイト等において侵害コンテンツへのリンクを掲載する行為等は，著作権等を侵害する行為とみなされ，民事責任や刑事責任が問われる可能性がある。以上，著作権法113条２項～４項，119条２項４号・５号，120条の２第３号等。

解答 5

○

記述のとおりである（著作権法30条１項・２項，119条３項２号・第５項等）。

解答 1

○

不正競争防止法上の営業秘密とは，「秘密として管理されている生産方法，販売方法その他の事業活動に有用な技術上または営業上の情報であって，公然と知られていないもの」をいう（不正競争防止法２条６項）。

解答 2

×

営業秘密として不正競争防止法上の保護を受けるためには，当該情報が事業活動に有用であること（有用性）が必要である。しかし，失敗した実験のデータも有用性の要件を充たすことはある。

解答 3

○

不正取得行為により取得した営業秘密の使用行為・開示行為が不正競争に該当するだけでなく，窃取，詐欺，強迫など不正の手段により営業秘密を取得する行為自体が不正競争防止法上の不正競争に該当する（不正取得・使用・開示：不正競争防止法２条１項４号）。

□□□ **問題 4**
★

Aは，不正の手段によりB社の営業秘密を取得した後，当該営業秘密をB社のライバル社であるC社の従業員Dに売り渡していた。DがAから当該営業秘密を取得したときに，Aが当該営業秘密を不正取得したものであることを知らなかったときは，Dが当該営業秘密を取得した行為が不正競争防止法上の不正競争に該当することはない。

□□□ **問題 5**
★

営業秘密を取得したときは，不正取得された営業秘密とは知らなかったが，当該営業秘密の保有者から不正取得された営業秘密であると警告されてそれを知ったにもかかわらず，当該営業秘密を事業活動に使用しても，不正競争行為には該当しない。

□□□ **問題 6**
★

Aは，B社の従業員であり，B社から正当にB社の営業秘密を開示されていた。Aは，B社から開示された営業秘密をB社のライバル社であるC社に売り渡していた。この場合，Aが自己の利益を図る目的を有していても，B社に損害を加える目的を有していなければ，Aの行為は，不正競争防止法上の不正競争には当たらない。

□□□ **問題 7**
★★

A社は，開発中の新型炊飯器の製造技術が記載された機密文書を厳重に秘密として管理している。当該機密文書が不正競争防止法上の営業秘密として保護される場合，当該機密文書へのアクセス権限のないA社の従業員Xが，当該機密文書をA社の競業他社に売却して利益を得る目的で窃取した場合，不正競争防止法上，Xは，刑事罰を科される可能性がある。これに対して，業務遂行の過程で，A社から，当該機密文書を交付されたA社の従業員Yが当該機密文書をA社の競業他社に売却して利益を得る目的で，当該機密文書の管理に関する任務に背き，A社に無断で当該機密文書をA社の競業他社に売却して報酬を得ても，もともとYは営業秘密を不正取得したわけではないから，不正競争防止法上，Yに刑事罰が科される可能性はない。

解答 4

不正取得された営業秘密であることを知っていた場合（悪意）だけでなく，不正取得された営業秘密であることを知らなくても，知らなかったことに重過失があった場合には，不正取得された営業秘密を取得する行為は不正競争防止法上の不正競争に該当する（不正取得後の転得：不正競争防止法２条１項５号）。

解答 5

営業秘密の取得後に当該営業秘密が不正取得されたものであることを知ってその営業秘密を使用する行為も不正競争行為に該当する（不正取得に関する事後的悪意による使用・開示：不正競争防止法２条１項６号）。

解答 6

営業秘密を保有する事業者（保有者）からその営業秘密を（正当に）示された場合において，不正の利益を得る目的で，または，その保有者に損害を加える目的で，その営業秘密を使用する行為や，開示する行為は不正競争防止法上の不正競争に該当する（不正使用・開示：不正競争防止法２条１項７号）。したがって，ＡがＢ社に損害を加える目的を有していなくても，自己の利益を図る目的を有していた場合には，Ａの行為は，不正競争防止法上の不正競争に該当する。

解答 7

不正の利益を得る目的で，営業秘密を不正に盗み出す行為自体が不正競争防止法上の処罰対象行為であるから（不正競争防止法21条１項１号），Ｘの行為についての設問前段は，正しい。しかし，営業秘密を保有者から正当に示された者であっても，その営業秘密の管理に関する任務に背き，一定の方法により領得した営業秘密を，不正の利益を得る目的で開示する行為も不正競争防止法上の処罰対象行為である（不正競争防止法21条１項４号）。したがって，Ｙの行為についての設問後段が誤っている。

第4章

企業活動に関する法規制

第1節 独占禁止法

毎回，2題～3題程度出題されます。出題可能性が高い分野です。また，下請法からもよく出題されています。

《独禁法の全体構造》

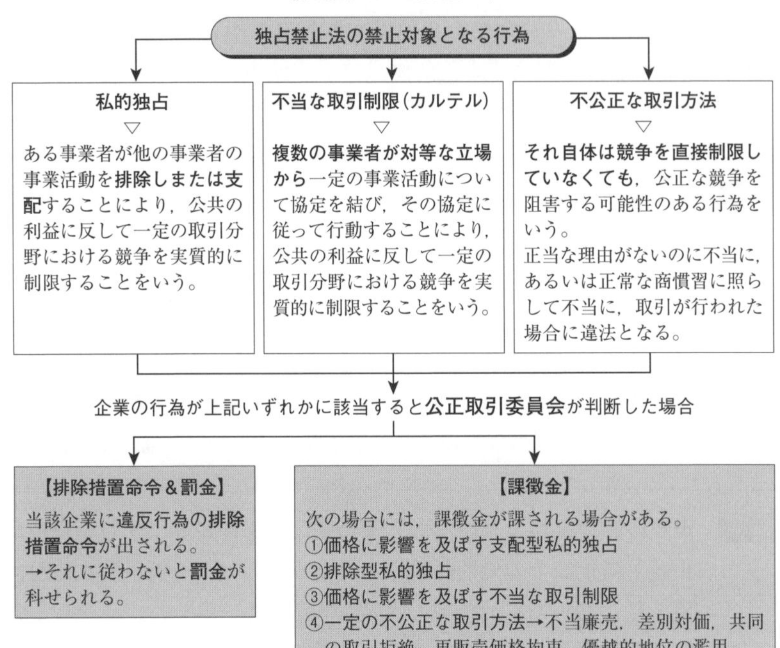

テーマ1 不当な取引制限

1 相互拘束

□□□ **問題1** ★

不当な取引制限の行為主体は独立した複数の事業者であるが，メーカーと卸売業者のように取引段階の異なる事業者同士の場合は行為主体とはならない。

解答 1

×

「メーカーと卸売業者」といった取引段階の異なる事業者間についても，不当な取引制限に該当する場合がある。

□□□ 問題 2
★★★
重要!

不当な取引制限の本質をなすものの1つとして，事業者が他の事業者と相互に事業活動を拘束することがあげられる。ここでいう拘束とは，複数の事業者間で協定した事項をお互いに守るように精神的な圧迫を加えることであり，必ずしも罰金や取引停止などの罰則を規定している必要はない。

2 価格協定

□□□ 問題 1
★★

A社は，ライバル企業であるB社と新型車の商品価格を全く同一に設定した。この場合には，行為の外形的な一致が認められる以上，常に「不当な取引制限」に該当し，独占禁止法に違反する。

□□□ 問題 2
★★

商品甲を販売するA社，B社，C社の3社は，商品甲の販売に関して最低販売価格を1個200円とする協定を締結した。当該最低販売価格についての協定は，「不当な取引制限」に該当しないので，3社の行為は独占禁止法に違反することはない。

3 生産制限協定

□□□ 問題 1
★

いわゆる価格協定は「不当な取引制限」に該当する可能性があるが，単に共倒れを防ぐため生産量・販売量等を制限するいわゆる生産制限協定や，技術の開発や利用などを制限するいわゆる技術制限協定が同業者間で行われても「不当な取引制限」には該当しない。

解答 2 ○

「相互拘束」とは，事業者間で協定した事項をお互いに守るように精神的圧迫を加えることであり（独占禁止法2条6項参照），罰金や取引停止といった罰則がなくても事実上の拘束力をもち得ると考えられ，相互拘束に該当する。

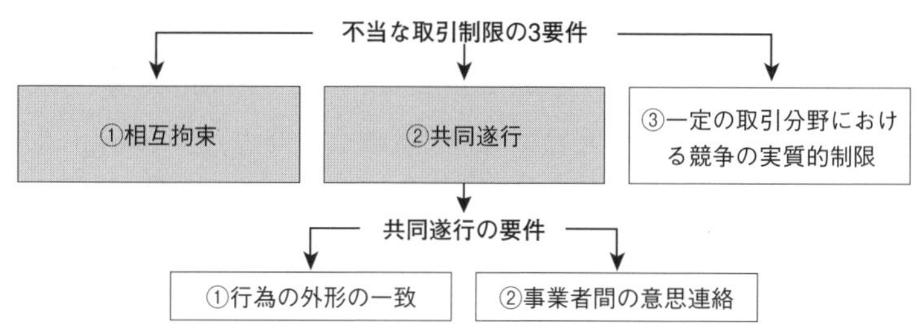

解答 1 ×

不当な取引制限の本質は，事業者が他の事業者と①相互に事業活動を拘束（相互拘束）する，②共同して事業活動を遂行（共同遂行）する行為である。したがって，事業者間の意思連絡がないと共同遂行とはいえない。

解答 2 ×

協議に基づき最低販売価格を決定することは，価格協定に該当し，不当な取引制限に該当する。

解答 1

生産制限協定・技術制限協定も不当な取引制限に該当する。

4 入札談合

□□□ **問題 1** ★★

A社，B社，C社はX市の実施する公共工事の入札において，C社を落札予定者とすることで合意した。ところが，当該合意には一切参加していないD社が落札した。この場合，A社，B社，C社は独占禁止法違反の責任を問われることはない。

□□□ **問題 2** ★

A社，B社，C社はX市の実施する公共工事の入札において，C社を落札予定者とすることで合意した。この合意は，X市の担当職員Yの関与によるものであった。この場合，公正取引委員会は当該発注機関の長であるX市の市長に，改善措置を講ずるよう求めることができ，YはX市の懲戒処分の対象となる。

テーマ2 不公正な取引方法

1 不当廉売

□□□ **問題 1** ★★★ 重要！

独占禁止法上，不公正な取引方法として禁止される行為の一つに不当廉売がある。そして，A社とB社との間で，A社製品甲を継続的にB社に供給する売買取引が開始され，一定期間における製品甲の販売数が一定以上となった場合に，A社がB社に対する製品甲の販売価格を採算の範囲内で値引きすることも独占禁止法が禁止する不当廉売に該当する。

2 抱き合わせ販売

□□□ **問題 1** ★★

2以上の商品を組み合わせて販売する行為は，それによって別個の特徴を持つ商品になり，または顧客がそれぞれの商品を単独で購入することができる場合であるか否かを問わず，不公正な取引方法に該当する。

解答 1
×

競争入札において落札者となるか否かにかかわらず，競争入札に参加する者の間で，あらかじめ談合して特定の者を受注予定者としたり，入札価格を決めたりする行為があれば入札談合に該当する。

解答 2

記述のとおりである（官製談合防止法3条）。

解答 1
×

不当廉売とは，正当な理由がないのに，商品等をその供給に要する費用を著しく下回る対価で継続して供給することであって，他の事業者の事業活動を困難にさせるおそれがあるものをいう（独占禁止法2条9項3号）。したがって，採算を度外視して，マーケットを制圧するような極端な廉売を継続して行う場合などは不当廉売に該当するが，本問のように，A社の採算の範囲内で値引きを行っただけでは，不当廉売には該当しない。

解答 1
×

独占禁止法19条で禁止される「不公正な取引方法」の例として，抱き合わせ販売が挙げられるが，2つ以上の商品を組み合わせた販売であっても，①それによって別個の特徴を持つ商品になる，②顧客がそれぞれ単独に購入することができる，③2つの商品・サービス間に機能上補完関係がある等の場合は抱き合わせ販売にはあたらないとされる。したがって，これらの場合は，不公正な取引方法に該当しない。

3 排他条件付取引

□□□ 問題 1
★★

自動車メーカーX社は，自動車部品の販売業者との取引に際し，X社の競合メーカーであるY社との取引を行わないことを自社との取引の条件とした。X社と当該販売業者との取引によって公正な競争を阻害するおそれが生じない場合であったとしても，当該取引は，独占禁止法違反行為となる。

4 再販売価格拘束

□□□ 問題 1
★★

Aは食品メーカーBとの間で特約店契約を締結しており，AはBから買い取った商品を他に転売する形で取引を行っている。この場合，BがAに対して自社製品を１万円以下の価格では販売しないようにとの指示・拘束をすることは，独占禁止法に違反する。

□□□ 問題 2
★★

製造業者と小売業者との間で，製造業者の製品を，小売業者が自己の名をもって本人である製造業者の計算において第三者に販売し，これに対して製造業者が小売業者に報酬を支払い，かつ売れ残った製品は製造業者が引き取ることを約する，いわゆる委託販売契約が締結された場合において，製造業者が，小売業者に自己の製品を供給するにあたり，その小売価格を定めて，当該価格で小売業者に当該製品を販売させたときは，当該製造業者の行為は，独占禁止法上の不公正な取引方法に該当し，原則として，独占禁止法に違反する。

□□□ 問題 3
★★

流通業者からメーカーに対する価格指定の要請に基づいて販売価格の指定が行われた場合は独占禁止法に違反しない。

5 優越的地位の濫用

□□□ 問題 1
★★

X株式会社は，下請業者Y株式会社に対する優越的地位を利用して，Y社に従業員の無償派遣や協賛金の負担等を強要した。これは優越的地位の濫用に該当し，不公正な取引方法の一種であるが，課徴金の対象となることはない。

解答 1 ×

各種の排他条件付取引のうち，公正な競争を阻害するおそれのあるケースのみが，「不当に」のケースに該当し，独占禁止法上禁止される。

解答 1 ○

再販売価格拘束に該当する。

解答 2 ×

本問のような委託販売において，委託者が指値を行うことは，原則として，再販売価格の拘束には該当せず，独占禁止法に違反しない。

解答 3 ×

メーカーからの要請ではなく，流通業者からの要請に基づく販売価格の指定も，再販売価格拘束に該当する。

解答 1 ×

一定の場合には，優越的地位の濫用は課徴金の対象となる。

テーマ3 独占禁止法の運用

□□□ 問題1 ★★★ 重要!

公正取引委員会は，違反行為者に排除措置命令をしようとするときは，あらかじめ，予定される排除措置命令の内容その他所定の事項を書面により違反行為者に通知すれば足り，違反者から意見を聴取する等の手続を経る必要はない。

□□□ 問題2 ★★

公正取引委員会の調査開始日前に，公正取引委員会に情報を提供したすべての事業者は，申告をした順番にかかわらず，課徴金の全額を免除される。これに対して，公正取引委員会の調査開始後に公正取引委員会に情報を提供しても，課徴金が減額または免除されることはない。

□□□ 問題3 ★★

独占禁止法に違反するとして排除措置命令や課徴金納付命令を受けた事業者は，排除措置命令等に不服があるときは，裁判所に命令取消しの訴えを提起することができ，この訴訟は，東京地方裁判所の専属管轄である。

□□□ 問題4 ★

独占禁止法違反行為により損害を受けた者が違反行為者に対して，独占禁止法に基づき損害賠償請求する場合，当該加害者の行為が独占禁止法違反行為である旨が確定した後であっても，被害者は違反行為者の故意・過失を立証しなければならない。

解答１

×

公正取引委員会は，違反行為者に排除措置命令をしようとするときは，当該排除措置命令の名宛人となるべき者について，意見聴取を行わなければならない（独占禁止法49条）。

解答２

課徴金減免制度は，申告した順番により減額の割合が異なり，また，常に全額免除されるわけではない。なお，全額免除されうるのは，調査開始前の申告順位１番の事業者だけである。また，調査開始後に公正取引委員会に情報を提供した場合，課徴金が全額免除されることはないが，減額されることはある。なお，申告順位に応じた減免制度とは別に，協力度合いに応じた減額の制度もある。

解答３

記述のとおりである（独占禁止法85条）。

解答４

違反行為者は故意・過失がなくても損害賠償責任を負う（独占禁止法25条）。

《独占禁止法違反行為があった場合の効果のまとめ》

	行政措置	刑事罰	民事上の措置
私的独占	排除措置命令 & 課徴金	○	損害賠償請求
不当な取引制限	排除措置命令 & 課徴金(価格に影響を及ぼす場合)	○	損害賠償請求
不公正な取引方法	排除措置命令 & 課徴金（一部の行為）	×	損害賠償請求 & 差止請求

テーマ4　下請代金支払遅延等防止法

1 適用対象

□□□ 問題1 ★★

下請法に規定する内容の取引を行う事業者であれば，その主体が法人か個人か，また資本金の多寡にかかわらず，下請法上の親事業者と下請事業者に当たる。

2 親事業者の義務

【親事業者の義務】

▽

(1)書面等の交付義務（下請法３条）
(2)書類の作成・保存義務（下請法５条）
(3)下請代金の支払期日を定める義務（下請法２条の２）
(4)遅延利息の支払義務（下請法４条の２）

□□□ 問題1 ★★★

親事業者は，発注に際して，直ちに，親事業者･下請事業者の名称，給付の内容，給付を受領する期日等を記載した書面を下請事業者に交付しなければならない。もっとも，当該書面の交付方法については，親事業者の自由な判断が尊重され，下請事業者の承諾の有無にかかわらず，当該書面の交付を電子メールによる方法とすることもできる。

□□□ 問題2 ★★★

下請法の適用対象である取引の場合，親事業者は，下請代金の支払いについては，物品等の給付を受領した日から起算して60日以内のできるだけ短い期間内において，支払期日を定めなければならない。

□□□ 問題3 ★★

下請法の適用対象である取引の場合，親事業者は，下請代金の支払期日を徒過した場合，遅延利息を支払う義務を負うが，遅延利息の利率は，親事業者と下請事業者との合意で任意に決定することができる。

解答 1 ×

親事業者・下請事業者については，法人か個人かによる違いがあり，また，資本金の額による基準も定められており，この資本金の額については，下請法の適用対象となる取引の種類による違いがある（下請法2条参照）。

解答 1 ×

設問前段は正しい。しかし，後段が誤りである。すなわち，下請事業者の承諾を得て，電子メール等の方法によることもできる（下請法3条）。したがって，書面と電子メール等のいずれの方法によるかを親事業者が自由に決めることができるわけではない。

解答 2 ○

親事業者は，物品等の給付を受領した日（役務提供委託の場合は，下請事業者が役務の提供をした日）から起算して60日以内のできる限り短い期間内において，下請代金を支払う期日を定めなければならない（下請法2条の2）。

解答 3 ×

親事業者が支払期日までに下請代金を支払わなかったときは，物品等の給付を受領した日から起算して60日を経過した日から実際に支払いをする日までの期間について，その日数に応じて遅延利息（未払金額に年率14.6％を乗じた額）を支払わなければならない（下請法4条の2）。すなわち，遅延利息の利率は，親事業者と下請事業者との合意で任意に決定することはできない。

3 親事業者の禁止事項

【親事業者の禁止事項】

⑴受領拒否の禁止（下請法4条1項1号）
⑵下請代金の支払遅延の禁止（下請法4条1項2号）
⑶下請代金の減額の禁止（下請法4条1項3号）
⑷返品の禁止（下請法4条1項4号）
⑸買いたたきの禁止（下請法4条1項5号）
⑹購入・利用強制の禁止（下請法4条1項6号）
⑺報復措置の禁止（下請法4条1項7号）
⑻有償支給原材料等の対価の早期決済の禁止（下請法4条2項1号）
⑼割引困難な手形の交付の禁止（下請法4条2項2号）
⑽不当な経済上の利益の提供要請の禁止（下請法4条2項3号）
⑾不当な給付内容の変更及び不当なやり直しの禁止（下請法4条2項4号）

□□□ **問題1** ★★

下請法の適用対象である取引の場合，親事業者は，下請事業者の責任がある場合であろうとない場合であろうと，下請事業者から納品される物品の受領を拒否することはできず，やり直し費用を負担することなく，受領後にやり直しをさせることはできない。

□□□ **問題2** ★★

下請法の適用対象である取引の場合，親事業者は，下請事業者に帰責事由があるか否かを問わず，あらかじめ定めた下請代金を減額してはならない。

□□□ **問題3** ★★

下請法の適用対象である取引の場合，親事業者は，受領した製品に不具合があり，その点について，明らかに下請事業者に責任がある場合でも，返品できないとされている。したがって，親事業者は下請事業者に対し損害賠償請求をするしかない。

□□□ **問題4** ★★

下請法の適用対象である取引の場合，親事業者は，正当な理由があるか否かを問わず，下請事業者に対し，親事業者が指定する物の購入を義務付けることができる。

解答1

親事業者は，下請事業者に責任がないのに，注文した物品等の給付の受領を拒んではならない（下請法4条1項1号）。また，下請事業者に責任がないのに，受領後にやり直しをさせることにより，下請事業者の利益を不当に害してはならない（下請法4条2項4号）。したがって，下請事業者に責任がある場合には，親事業者は受領を拒むことができるし，受領後でも下請事業者の費用負担でやり直しをさせることができる。

解答2

×

親事業者は下請事業者に帰責事由がある場合には，あらかじめ定めた下請代金を減額することができる（下請法4条1項3号）。

解答3

親事業者は，受領した物に瑕疵があるなど明らかに下請事業者に責任がある場合などを除いて，すでに受け取った給付の目的物を返品してはならない(下請法4条1項4号)。したがって，本問のように，明らかに下請事業者に責任がある場合には，返品できる。

解答4

親事業者は，正当な理由なく，親事業者が指定する物・役務を強制的に購入・利用させてはならない（下請法4条1項6号）。

□□□ **問題 5**
★

下請法上，親事業者は，下請事業者に対して，下請代金の支払いに代えて約束手形を交付することは認められている。そして，その手形について制限は設けられていない。

□□□ **問題 6**
★

親事業者が書面の交付義務，書類の作成・保存義務に違反した場合，当該違反行為をした代表者には刑罰が科されるが，その親事業者には刑罰は科されない。

解答5 ×

親事業者は，下請代金を手形で支払う場合に，一般の金融機関で割引を受けることが困難な手形を交付してはならない（下請法4条2項2号）。

解答6 ×

親事業者（法人）にも罰金が科される（下請代金支払遅延等防止法12条）。

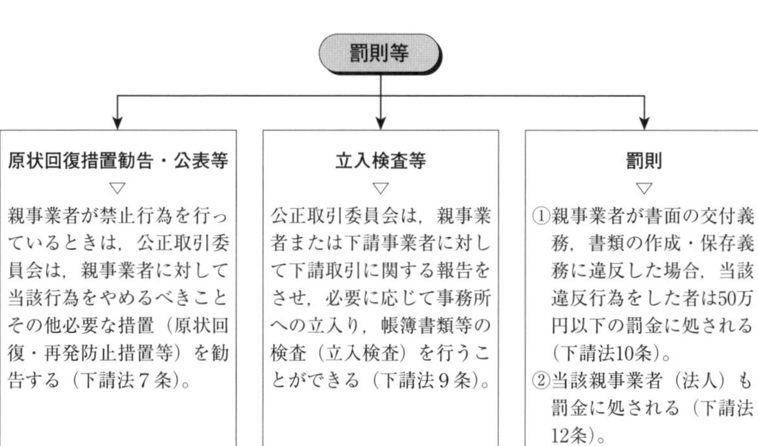

罰則等
原状回復措置勧告・公表等
親事業者が禁止行為を行っているときは，公正取引委員会は，親事業者に対して当該行為をやめるべきことその他必要な措置（原状回復・再発防止措置等）を勧告する（下請法7条）。
立入検査等
公正取引委員会は，親事業者または下請事業者に対して下請取引に関する報告をさせ，必要に応じて事務所への立入り，帳簿書類等の検査（立入検査）を行うことができる（下請法9条）。
罰則
①親事業者が書面の交付義務，書類の作成・保存義務に違反した場合，当該違反行為をした者は50万円以下の罰金に処される（下請法10条）。
②当該親事業者（法人）も罰金に処される（下請法12条）。

第2節 不正競争防止法

ほぼ毎回，1題出題されます。かつては，営業秘密ばかり出題されていましたが，最近では，その他の不正競争行為についてもよく出題されるようになりました。

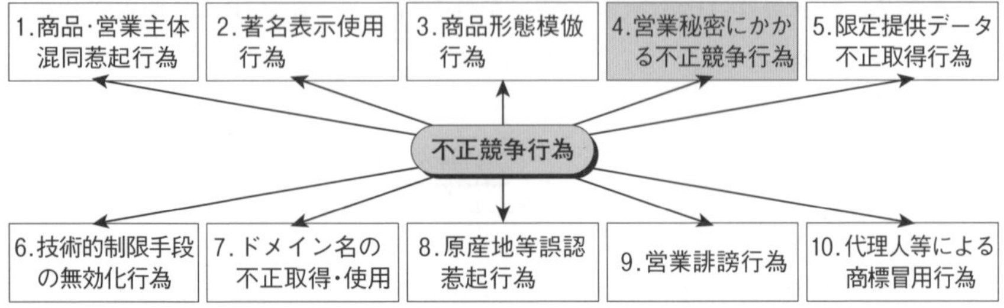

テーマ1 不正競争行為

1 商品・営業主体混同惹起行為

□□□ 問題1 ★★

単に自己の商品・営業等の表示を周知性のある他人の商品・営業等の表示と混同させるような行為をしただけでは不正競争には該当しない。

2 著名表示使用行為

□□□ 問題1 ★★ 重要!

著名表示使用行為とは，自己の商品または営業表示等として他人の著名な商品または営業表示と同一または類似する表示を用いる行為をいう。著名表示使用行為といえるためには，他人の商品名が商標登録されていることが必要である。

3 商品形態模倣行為

□□□ 問題1 ★★ 重要!

他人の商品の形態を模倣した商品を譲渡する行為は，当該商品の機能上不可欠な形態か否かにかかわらず，常に不正競争行為に該当する。

解答1 ×

自己の商品・営業等の表示を周知性のある他人の商品・営業等の表示と混同させる行為は不正競争に該当する（不正競争防止法2条1項1号）。

解答1 ×

著名表示使用行為として不正競争防止法による規制の対象となる要件として，他人の商品名が商標登録されている必要はない。

解答1

不正競争防止法2条4項の「商品の形態」とは，需要者が通常の用法に従った使用に際して知覚によって認識することができる商品の外部および内部の形状並びにその形状に結合した模様，色彩，光沢および質感をいう。ただし，当該商品の機能上不可欠な形態は含まれない。

4 技術的制限手段の無効化行為

□□□ 問題1 ★★ 重要!

A社は，DVD・CDのソフトウェアに施されている不正コピー防止技術を無効にする機能を有するとともに，通常のテレビ放送を録画できる機能を有するレコーダーを販売していた。A社が不正コピー防止技術を無効にする用途に使うために販売していた場合でも，A社の行為は不正競争行為には該当しない。

5 ドメイン名の不正取得・使用

□□□ 問題1 ★★ 重要!

A社は，ライバル企業であるB社の商品Xの表示と類似のドメイン名を使用する権利を取得した。A社の行為は，A社が不正の利益を得る目的でなされたか否かを問わず，不正競争行為には該当しない。

6 原産地等誤認惹起行為

□□□ 問題1 ★★

食品販売会社であるA社は，自社の販売する食品Xの広告で，原材料の原産地について真実の記載をなしていたが，品質について虚偽の記載をなしていた。A社の行為は不正競争行為には該当しない。

7 営業誹謗行為

□□□ 問題1 ★

A社が，店頭配布用の広告チラシにおいて，食品Xは，市場での競合が予想されるB社の食品Yよりも優れていることを強調する虚偽の記載をした場合には，A社はB社から損害賠償や侵害行為の停止等を請求されるおそれがある。

解答1 ✕

A社の行為は，技術的制限手段の無効化行為として不正競争行為に該当する（不正競争防止法2条1項17号・18号・8項）。

なお，本問のように，プロテクト破りを可能とする装置やプログラムを提供する等の行為だけでなく，そのような役務を提供する行為等も不正競争行為に該当する。

解答1 ✕

A社の当該行為は，不正の利益を得る目的で行われた場合には，不正競争に該当する（不正競争防止法2条1項19号・10項）。

解答1 ✕

A社の行為は，原産地等誤認惹起行為として規制の対象となる（不正競争防止法2条1項20号）。

解答1 ○

虚偽の記載がある場合，営業誹謗行為（不正競争防止法2条1項21号）や原産地等誤認惹起行為（不正競争防止法2条1項20号）に該当し，被害者から損害賠償請求や差止請求を受けるおそれがある。

8 限定提供データの不正取得行為等

□□□ **問題 1**
★

A社は不正競争防止法上の限定提供データをB社から取得した。当該限定提供データはB社が詐欺により第三者から不正取得したものであり，A社はそのことを知りながら当該限定提供データをB社から取得していた。この場合，A社がB社から当該限定提供データを取得した行為は，不正競争行為に該当する。

テーマ2 民事的救済

□□□ **問題 1**
★★★
重要!

A社が不正競争行為を行ったため，B社は損害を被った。B社は，A社に対して損害賠償請求はできるが，当該不正競争行為の差止めを請求することはできない。

□□□ **問題 2**
★★★

A社が不正競争行為を行ったため，B社は損害を被った。B社はA社に対して損害賠償請求はできるが，その場合，A社の得た利益の額がB社の損害額と推定される。

解答 1

○

窃取，詐欺，強迫その他の不正の手段により限定提供データを取得する行為（限定提供データ不正取得行為）又は限定提供データ不正取得行為により取得した限定提供データを使用・開示する行為は不正競争行為に該当する（不正競争防止法２条１項11号）。従って，Ｂ社が詐欺により第三者から限定提供データを取得する行為は限定提供データ不正取得行為（不正競争行為）に該当する。

そして，限定提供データについて限定提供データ不正取得行為が介在したことを知って限定提供データを取得し，又はその取得した限定提供データを使用・開示する行為も不正競争行為に該当する（不正競争防止法２条１項12号）。従って，Ａ社が，Ｂ社が第三者から不正取得した限定提供データであることを知りながら，Ｂ社から当該限定提供データを取得した行為は，不正競争行為に該当する。

解答 1

不正競争によって営業上の利益を侵害され，または侵害されるおそれがある者は，その侵害行為の停止・予防に必要な行為（侵害組成物の廃棄，侵害供用設備の除去等）を請求できる（不正競争防止法３条）。したがって，不正競争によって営業上の利益の侵害状態が発生した後でも，差止請求権を行使することができる。

解答 2

記述のとおりである（不正競争防止法５条２項）。

テーマ3 刑事罰

□□□ **問題1**
★

法人の従業者が，不正競争防止法上の商品・営業主体混同惹起行為，著名表示使用行為，商品形態模倣行為，原産地等誤認惹起行為などの不正競争行為を行った場合，不正競争防止法により，当該従業者に刑事罰が科されることがあるだけでなく，当該法人にも刑事罰が科されることがある。

解答１

○

商品・営業主体混同惹起行為（不正競争防止法２条１項１号），著名表示使用行為（不正競争防止法２条１項２号），商品形態模倣行為（不正競争防止法２条１項３号），原産地等誤認惹起行為（不正競争防止法２条１項20号）については，不正競争防止法上，刑事罰が科されることがある（不正競争防止法21条２項１号・２号・３号）。そして，法人の業務に関してこれらの不正競争行為が行われた場合，法人も処罰されることがある（両罰規定：不正競争防止法22条１項３号）。

第3節 消費者保護関連の法律

毎回，２題〜３題は出題されます。消費者契約法，割賦販売法，特定商取引法，景品表示法のいずれかは必ず出題されています。

テーマ1 消費者契約法

1 消費者契約法の意義と適用範囲

□□□ **問題1** ★★★ 重要!

消費者契約法は，労働契約を除き，消費者と事業者との間で締結される契約（消費者契約）すべてに適用されるから，契約対象となる商品や役務，権利の種類を問わず適用されるし，訪問販売や割賦販売に該当しなくても適用される。

□□□ **問題2** ★★

消費者契約法は消費者と事業者との間で締結される契約（消費者契約）すべてに適用される。したがって，事業を営む個人がその事業のために事業者との間で契約を締結する場合でも，当該契約には消費者契約法が適用される。

解答１ 記述のとおりである（消費者契約法２条３項，48条）。

解答２ 消費者契約法において，消費者とは個人をいう。ただし，個人であっても，個人事業主や自営業者などのように，事業としてまたは事業のために契約の当事者となる場合は除かれる（消費者契約法２条１項）。

契約対象となる商品や役務，権利の種類を問わない。

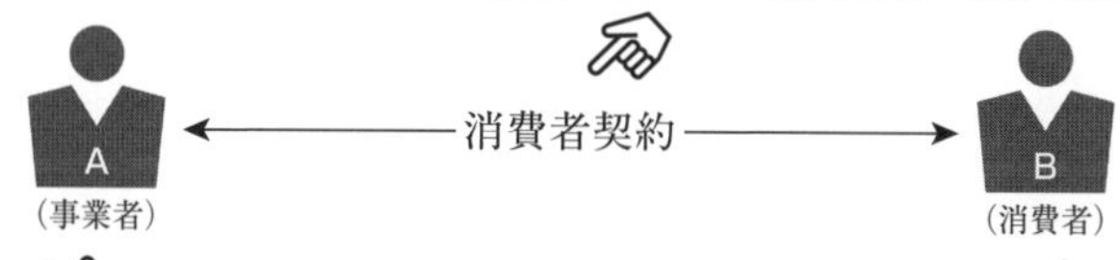

（事業者）　（消費者）

1. 法人も，個人も含まれる。
2. **「事業者」**には，公益的な性格をもった学校法人や中間法人も含まれる。

1. 個人に限られる。法人は含まれない。
2. 個人であっても，個人事業主や自営業者などのように，事業としてまたは事業のために契約の当事者となる場合は除かれる。

2 消費者契約法によって取り消せる行為

□□□ **問題 1**
★★★

消費者契約法上，事業者が消費者に対し契約の重要事項について事実と異なることを告げたことにより消費者が誤認して消費者契約を締結した場合は，消費者は当該消費者契約を取り消すことができるが，ここでの重要事項には，当該消費者契約の目的となるものが当該消費者の生命・身体，財産その他の重要な利益についての損害または危険を回避するために通常必要であると判断される事情も含まれる。

□□□ **問題 2**
★★

消費者契約法上，消費者契約の目的となるものの分量等が消費者にとっての通常の分量等を著しく超えるものである場合，当該分量が消費者にとって過量であることについての事業者の認識の有無にかかわらず，消費者は当該消費者契約を取り消すことができる。

解答１ 記述のとおりである（消費者契約法４条１項１号，４条５項３号）。

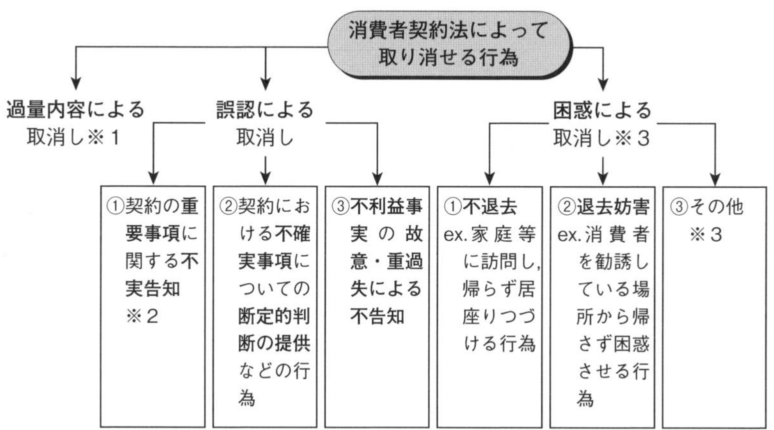

※１ 問題２ の解説参照

※２ 当該消費者契約の目的となるものが当該消費者の生命・身体，財産その他の重要な利益についての損害または危険を回避するために通常必要であると判断される事情も「重要事項」に含まれる。

ex. 事業者が，シロアリの被害などないにもかかわらず，床下にシロアリがいて，家が倒壊するおそれがある，お肌チェックで健康な肌であったにもかかわらず，肌が傷んでいて，化粧水などで対策しないとすぐに肌がボロボロになるなどの不実告知をして契約させたような場合

※３ 問題３ の解説参照

解答２ 過量内容（複数の同種の消費者契約が締結され，その同種の消費者契約の目的となるものの分量等を合算した分量等が過量内容となる場合も含む）による取消しは，事業者が悪意の場合に限られる（消費者契約法４条４項）。

□□□ 問題 3
★★★

消費者契約法上，事業者の不退去や退去妨害による消費者の困惑を理由とする消費者契約の取消しが認められている。また，消費者が社会生活上の経験不足から，進学，就職，結婚，生計その他の社会生活上の重要な事項や容姿，体型その他の身体の特徴または状況に関する重要な事項の実現に過大な不安を抱いている場合に，事業者がこれを知りながらその不安をあおり，契約の目的となるものが願望実現に必要である旨を告げることにより消費者が困惑して消費者契約を締結した場合も，消費者は当該消費者契約を取り消すことができる。

□□□ 問題 4
★★

消費者契約について，事業者による不適切な勧誘行為があったことを理由として，消費者が契約を取り消した場合には，当該契約は遡及的に無効となるため，事業者は原状回復義務を負う。しかし，消費者契約法は消費者保護を目的とすることから，消費者が原状回復義務を負うことはない。

解答３

不退去による困惑や退去妨害による困惑を理由に，消費者は消費者契約を取り消すことができる（消費者契約法４条３項１号・２号）。また，消費者契約法上，以下の場合も困惑による取消しが認められる。

①勧誘をすることを告げずに退去困難な場所に同行し勧誘したことによる困惑（同法４条３項３号）。

②威迫する言動を交え，相談の連絡を妨害したことによる困惑（同法４条３項４号）。

③社会生活上の経験不足の不当な利用により不安をあおる告知による困惑（同法４条３項５号）。

④社会生活上の経験不足の不当な利用により恋愛感情等に乗じた人間関係の濫用による困惑（同法４条３項６号）。

⑤加齢等による判断力の低下の不当な利用による困惑（同法４条３項７号）。

⑥霊感等による知見を用いた告知による困惑（同法４条３項８号）。

⑦契約前に債務の内容を実施することや契約前に目的物の現状を変更し，原状回復を著しく困難にすることによる困惑（同法４条３項９号）。

⑧取引上の社会通念に照らして正当な理由がないのに，当該事業者が実施した調査，情報の提供，物品の調達などの事業活動が当該消費者のために特に実施したものである旨及び当該事業活動の実施により生じた損失の補償を請求する旨を告げることによる困惑（同法４条３項10号）。

解答４

消費者契約法により消費者契約を取り消した消費者が目的物の給付を受けた当時その意思表示が取り消すことができるものであることを知らなかったときは，当該消費者契約によって現に利益を受けている限度で返還義務を負うにすぎない（消費者契約法６条の２）。したがって，消費者が目的物の給付を受けた当時その意思表示が取り消すことができるものであることを知っていた場合には，当該消費者は原状回復義務を負うので，本問は誤っている。

□□□ **問題 5** ★★

契約の重要事項に関する不実告知が民法上の詐欺による意思表示における欺罔行為にも該当する場合，消費者は消費者契約法による取消権を行使できるため，民法上の詐欺による取消しを主張することはできない。

□□□ **問題 6** ★★

消費者契約法が規定する取消権は，取消事由を問わず，追認をすることができる時から1年以内，または契約締結の時から5年以内に制限される。

解答５ ×

消費者は，消費者契約法で規定する取消権を行使でき，かつ民法96条所定の詐欺もしくは強迫に基づく取消権も併せて主張することができる場合，そのどちらを主張することも可能である。

解答６ ×

消費者契約法上の取消期間は，原則として本肢の通りであるが，例外的に霊感等による知見を用いた告知による困惑に係る取消権は，追認をすることができる時から３年以内，または契約締結の時から10年以内であれば行使することができる。

3 消費者契約法によって無効となる契約条項

□□□ **問題 1**
★★

消費者契約法上，消費者契約において，事業者の債務不履行によって消費者に生じた損害を賠償する責任の全部を免除する旨の条項が含まれていた場合，当該条項は無効であるが，債務の履行に際してされた事業者の不法行為により，事業者が消費者に対して負う損害賠償責任の全部を免除する旨の条項が規定されていても，当該条項は無効とはならない。

□□□ **問題 2**
★★

消費者契約において，事業者の債務不履行により生じた消費者の解除権を放棄させる条項があったとしても，当該条項について消費者の同意があれば，当該条項は有効である。

解答１　×

債務の履行時になされた事業者の不法行為によって消費者に生じた損害の賠償責任の全部を免除する条項は消費者契約法上無効である。

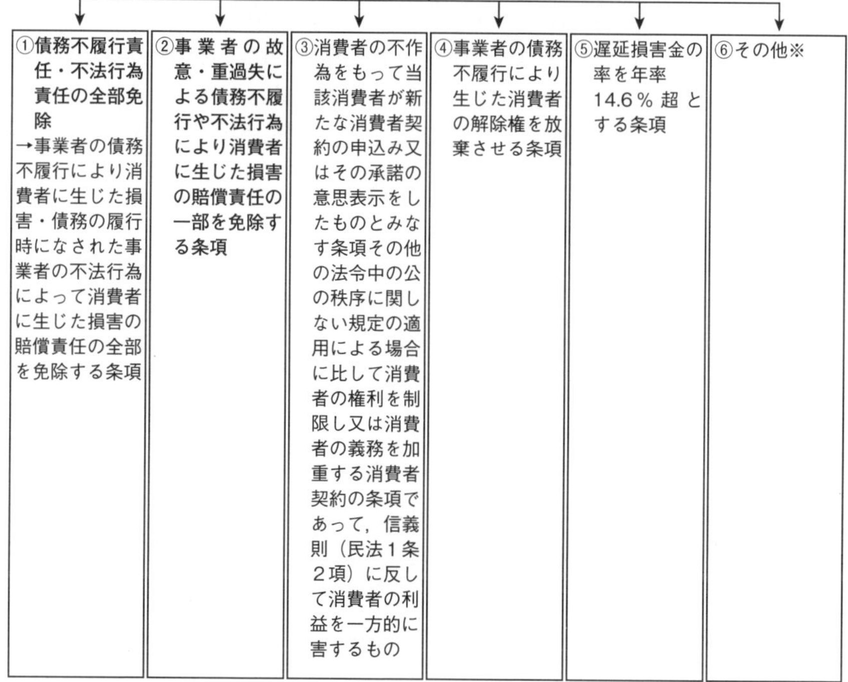

消費者契約法によって無効となる契約条項の例
＝消費者が不利益となる一定の契約条項
①債務不履行責任・不法行為責任の全部免除
→事業者の債務不履行により消費者に生じた損害・債務の履行時になされた事業者の不法行為によって消費者に生じた損害の賠償責任の全部を免除する条項
②事業者の故意・重過失による債務不履行や不法行為により消費者に生じた損害の賠償責任の一部を免除する条項
③消費者の不作為をもって当該消費者が新たな消費者契約の申込み又はその承諾の意思表示をしたものとみなす条項その他の法令中の公の秩序に関しない規定の適用による場合に比して消費者の権利を制限し又は消費者の義務を加重する消費者契約の条項であって，信義則（民法１条２項）に反して消費者の利益を一方的に害するもの
④事業者の債務不履行により生じた消費者の解除権を放棄させる条項
⑤遅延損害金の率を年率14.6％超とする条項
⑥その他※

※　その他の無効条項として，以下のものがある。

①事業者に対し，消費者が後見開始，保佐開始，補助開始の審判を受けたことのみを理由とする解除権を付与する条項

②事業者に自らの債務不履行や不法行為による損害賠償責任の限度を決定する権限を付与する条項

③事業者に消費者の解除権の有無を決定する権限を付与する条項

④免責の範囲が不明確な条項

解答２　×

事業者の債務不履行により生じた消費者の解除権を放棄させる条項は，消費者契約法上，無効である（消費者契約法８条の２）。

□□□ 問題3 ★★

消費者契約において，消費者の不作為をもって当該消費者が新たな消費者契約の申込み又はその承諾の意思表示をしたものとみなす条項は，消費者契約法上，無効である。

4 適格消費者団体訴訟制度

□□□ 問題1 ★

事業者が不特定かつ多数の消費者に対して消費者契約法に違反する一定の行為を行っている場合，内閣総理大臣の認定を受けた消費者契約法上の適格消費者団体は，所定の手続により，当該行為をしている事業者を被告として差止請求訴訟を提起することができる。

テーマ2 割賦販売法

□□□ 問題1 ★

割賦販売法は，商品，役務，権利等の代価，対価の支払いについて，２カ月以上の期間にわたり，かつ３回以上に分割して支払う取引のみを規制する法律である。

□□□ 問題2 ★★

個別信用購入あっせんの場合，個別信用購入あっせん業者と個別信用購入あっせんに係る契約を締結した販売業者等は，商品等の販売前に，相手方に対して，販売価格等，代金の支払期間・回数・手数料等を示せば，契約締結後は，契約内容を記載した書面（購入者の承諾を得て電磁的方法による提供でも可能）を交付する必要はない。

解答 3 記述のとおりである（消費者契約法10条）。

解答 1 記述のとおりである（適格消費者団体訴訟制度）。

解答 1 信用購入あっせんについては，2カ月を超えた後の1回払い，2回払いも割賦販売法の規制対象である。

個別信用購入あっせんの場合，個別信用購入あっせん業者と個別信用購入あっせんに係る契約を締結した販売業者等は，商品等の販売前に，相手方に対して，販売価格等，代金の支払期間・回数・手数料等を示さなければならない（割賦販売法35条の3の2第1項）。また，個別信用購入あっせんの場合，販売業者等は，契約締結後遅滞なく，契約内容を記載した書面（購入者の承諾を得て電磁的方法による提供でも可能）を交付しなければならない（割賦販売法35条の3の8，35条の3の22）。

□□□ **問題 3**
★

消費者Aは，B社の営業部員の訪問を受け，B社から商品甲を購入する際に，B社との間で個別信用購入あっせん関係販売契約（クレジット販売契約）を締結し，信販会社C社との間で個別信用購入あっせん関係受領契約（立替払委託契約）を締結した。この場合，B社は，遅滞なく，当該クレジット販売契約に関する所定の事項を記載した書面（購入者の承諾を得て電磁的方法による提供でも可能）をAに交付しなければならず，また，C社も，当該立替払委託契約に関する所定の事項を記載した書面（購入者の承諾を得て電磁的方法による提供でも可能）をAに交付しなければならない。

□□□ **問題 4**
★★

消費者Aは，B社の営業部員の訪問を受け，B社から商品甲を購入する際に，B社との間で個別信用購入あっせん関係販売契約（クレジット販売契約）を締結し，信販会社C社との間で個別信用購入あっせん関係受領契約（立替払委託契約）を締結した。Aは，B社との間で，商品甲のクレジット販売契約を締結するに際し，B社の営業部員から商品甲の品質について事実と異なることを告げられたことにより誤認して当該契約を締結したため，当該契約およびC社との間で締結した立替払委託契約を取り消した。この場合でも，C社は，すでにAから受領した賦払金についてはその相当額を返還する必要はない。

□□□ **問題 5**
★★★
重要!

Aは，電器店Bとの間で，代金総額30万円で大型テレビを購入した。当該売買契約において，代金の支払いについては，信販会社であるC社発行のクレジットカードを利用して，期間1年，回数12回の分割払いとすることが定められていた。Aは，当該テレビに不具合があったため，Bに当該テレビの修理を求めたが，Bはこれに応じない。この場合，商品の売買契約とクレジット契約は別個の契約なので，AはC社からの賦払金の請求を拒むことはできない。

解答 3

○

個別信用購入あっせんの場合，販売業者等は，契約締結後遅滞なく，契約内容を記載した書面（購入者の承諾を得て電磁的方法による提供でも可能）を購入者等に交付しなければならない（割賦販売法35条の3の8，35条の3の22）。また，個別信用購入あっせんにおける販売契約等が訪問販売等であるときは，個別信用購入あっせん業者も契約書面(購入者の承諾を得て電磁的方法による提供でも可能)を交付しなければならない（割賦販売法35条の3の9，35条の3の22）。

解答 4

×

販売契約を不実告知として特定商取引法によって取り消すことができる場合，割賦販売法により立替払委託契約も取り消すことができ，個別信用購入あっせん業者は，受領済みの賦払金相当額を返還しなければならない。

解答 5

×

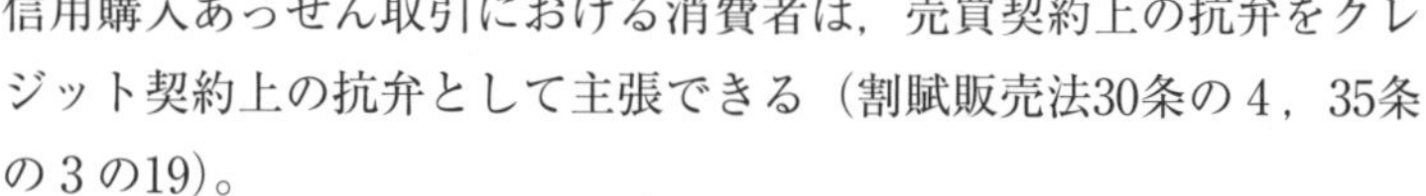

信用購入あっせん取引における消費者は，売買契約上の抗弁をクレジット契約上の抗弁として主張できる（割賦販売法30条の4，35条の3の19）。

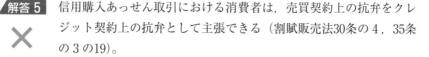

□□□ 問題 6
★★★
重要!

消費者Aは，B社の営業部員の訪問を受け，B社から商品甲を購入する際に，B社との間で個別信用購入あっせん関係販売契約（クレジット販売契約）を締結し，信販会社C社との間で個別信用購入あっせん関係受領契約（立替払委託契約）を締結した。この場合，割賦販売法上，Aは，当該立替払委託契約を締結した日から一定の期間内であれば，クーリング・オフを行使することにより，当該立替払委託契約を解除することができる。この場合，原則として，B社とAとの間のクレジット販売契約も解除されたものとみなされる。しかし，AとC社との間で，当該立替払委託契約についてはクーリング・オフを行使することができない旨を合意していた場合には，Aはクーリング・オフを行使することはできない。

テーマ3 特定商取引法

1 訪問販売

□□□ 問題 1
★★★

たとえば，消費者の自宅など，販売業者等が営業所等以外の場所で契約すると，特定商取引法上の訪問販売となる。これに対して，消費者が販売事業者から路上などで呼び止められたり，電話・DM等で商品等の販売目的であることを告げられずに呼び出されるなどして，営業所等で契約をする場合には，特定商取引法上の訪問販売には該当しない。

□□□ 問題 2
★★

特定商取引法は，事業者の経済活動の自由の保護に配慮し，訪問販売において，販売業者は，自己の名称または氏名，勧誘目的である旨，販売する商品等を明示する義務を負わない旨規定している。したがって，販売に先立ってこれらの事項を消費者に告げる必要はない。

解答 6

個別信用購入あっせんを利用した契約が訪問販売や電話勧誘販売等である場合，申込者または契約の相手方は，一定期間内に，クーリング・オフを行使して，立替払委託契約の申込みを撤回し，またはこれを解除することができる（割賦販売法35条の３の10～11)。そして，立替払委託契約のみがクーリング・オフされた場合でも，クレジット販売契約は解除されたものとみなされる。この割賦販売法上のクーリング・オフ制度は，強行規定であり，当事者の合意により排除することはできないから，設問後段が誤っている。

なお，包括信用購入あっせんには，クーリング・オフ制度はない。

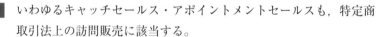

解答 1

×

いわゆるキャッチセールス・アポイントメントセールスも，特定商取引法上の訪問販売に該当する。

解答 2

×

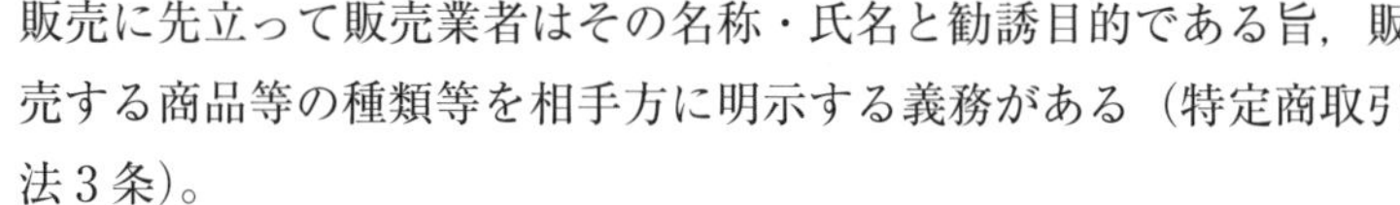

販売に先立って販売業者はその名称・氏名と勧誘目的である旨，販売する商品等の種類等を相手方に明示する義務がある（特定商取引法３条)。

□□□ **問題 3** ★★

特定商取引法上，販売業者は，特定商取引法上の訪問販売をしようとするときは，その相手方に対し，勧誘を受ける意思があることを確認するよう努めなければならないとされているが，これにより相手方が契約を締結しない意思を表示した場合に，再度の勧誘をすることは禁止されていない。

□□□ **問題 4** ★★

特定商取引法上の訪問販売に該当する方法で売買契約を締結する場合，事業者にはクーリング・オフできる旨についての書面の交付，又は消費者の承諾を得て電磁的方法による提供での告知が義務づけられているが，契約締結の際に，消費者がこの書面の交付等での告知を受けていなかったとしても，当該売買契約締結後一定期間が経過したときは，消費者は，当該売買契約につきクーリング・オフをすることができない。

2 通信販売

□□□ **問題 1** ★

特定商取引法上，販売業者等が通信販売を行う場合，販売業者名，販売価格，送料，支払時期，納品時期，当該商品の売買契約の申込みの撤回または解除に関する事項等に関し，適正な広告を行わなければならない。

□□□ **問題 2** ★★★ 重要!

特定商取引法上の通信販売において，事業者が特定商取引法所定の方法で広告において商品等の返品条件を表示していたときであっても，消費者は，無条件での申込みの撤回または契約の解除をすることができる。

解答 3 ×

設問前段は正しい。しかし，設問後段が誤っている。訪問販売において，相手方が契約を締結しない意思を表示した場合には，販売業者等は再度の勧誘をすることを禁止されている（特定商取引法3条の2）。

解答 4 ×

販売業者等の事業者にクーリング・オフできる旨についての書面の交付，又は消費者の承諾を得て電磁的方法による提供での告知が義務づけられている点は正しい（特定商取引法4条2項3項，5条3項）。しかし，販売業者等がこのクーリング・オフできる旨についての書面の交付等による告知をしなかった場合，消費者は，改めて当該書面の交付等を受けてから所定の期間が経過するまでの間，当該売買契約につきクーリング・オフをすることができる。

なお，消費者がクーリング・オフをする場合，所定の期間内にクーリング・オフをする旨の書面，又は電子メールの送付等の電磁的記録を発信する必要がある（特定商取引法9条1項2項）。

解答 1

記述のとおりである。（特定商取引法11条）。

解答 2 ×

特定商取引法上の通信販売において，事業者が特定商取引法所定の方法で広告において商品等の返品条件を表示していたときは，消費者は，無条件での申込みの撤回または契約の解除はできない（特定商取引法15条の3）。

3 特定継続的役務提供

□□□ **問題 1**
★

特定商取引法上の特定継続的役務提供において，クーリング・オフ期間を経過した場合には，たとえ消費者が違約金を支払ったとしても特定商取引法に基づいて当該契約を解約することはできない。

□□□ **問題 2**
★

特定商取引法上の特定継続的役務提供において，消費者がクーリング・オフする場合には，特定継続的役務提供契約と関連商品の購入契約は別個の契約である以上，関連商品の購入契約については，クーリング・オフできない。

4 ネガティブオプション

□□□ **問題 1**
★

販売業者が，売買契約の申込者等以外の者に対して売買契約の申込みをし，かつ，その申込みに係る商品を送付した場合（いわゆるネガティブオプション），特定商取引法上，当該商品を送付した販売業者が当該商品の返還を請求できる期間は，消費者の引取請求があったときは１週間経過後まで，又は，商品送付後14日経過後までに限られる。

解答1 ×

特定継続的役務提供では，８日間のクーリング・オフ期間を超えても，違約金を支払えば，いつでも無条件で中途解約ができる（特定商取引法49条）。

解答2 ×

特定継続的役務提供では，関連商品の購入契約を含めて，クーリング・オフできる（特定商取引法48条）。

解答1 ×

いわゆるネガティブオプション（送り付け商法）については，販売業者は，売買契約に基づかないで一方的に送り付けた商品の返還を一切請求することができない。したがって，商品を一方的に送り付けられた消費者は送り付けられた商品を即座に処分することが可能である（特定商取引法59条）。

テーマ4 景品表示法

1 過大な景品提供の規制

□□□ 問題1 ★★

景品表示法上の景品類には，正常な値引き，アフターサービス，その商品や役務に通常付随する経済上の利益は含まれない。また，景品表示法の適用対象は，取引に付随して懸賞によって景品が提供される場合であり，取引に付随して必ず景品が提供される場合は含まれない。

2 不当表示の規制

(1) 優良誤認表示

□□□ 問題1 ★★

いわゆる優良誤認表示は景品表示法上，不当表示とされる。これについては，内閣総理大臣（消費者庁長官）は，商品内容（品質・性能等）について著しく優良であると示す表示について，当該事業者にその裏付けとなる合理的な根拠の提出を求めることができる。そして，当該事業者が，一定期間内に合理的な根拠を提出しない場合には，当該表示は内閣総理大臣（消費者庁長官）の行う措置命令については，不当表示（優良誤認表示）とみなされる。

解答 1 設問前段は正しい。しかし，後段が誤りである。総付景品も景品表示法の適用対象となる。

懸賞によらず景品が提供される。	懸賞により景品が提供される。	
総付景品（ベタ付景品）	**一般懸賞**	**共同懸賞**
▽ 取引に付随して必ず景品が提供される場合 **【最高額の制限】** ・取引価格：1000円未満 →最高限度額＝200円以内で正常な商慣習の範囲内 ・取引価格：1000円以上 →最高限度額＝取引価格の10分の２以内で正常な商慣習の範囲内	▽ 取引に付随して懸賞によって景品が提供される場合 **【最高額の制限】** ・取引価格：5000円未満 →最高限度額＝取引価格の20倍 ・取引価格：5000円以上 →10万円 **【総額の制限】** 懸賞によって販売しようとする商品の売上予定総額の２％	▽ 特定の地域・業界の事業者が共同して行うもので，取引に付随して懸賞によって景品が提供される場合 **【最高額の制限】** ・取引価額にかかわらず30万円 **【総額の制限】** 懸賞によって販売しようとする商品の売上予定総額の３％

解答 1 これを不実証広告規制という（景品表示法７条２項）。なお，内閣総理大臣（消費者庁長官）は，不当景品または不当表示につき違反行為があるときは，当該事業者に対し，その行為の差止め，もしくはその行為が再び行われることを防止するために必要な事項を命ずることができる（措置命令：景品表示法７条１項）。

□□□ 問題 2
★★

家電メーカーのA社は，新型エアコン甲を販売しているが，甲のパンフレットに，「同じ時間使用した場合，新型エアコン甲は，A社の従来型エアコンよりも消費電力量が50%削減されるし，B社のエアコン乙を同じ時間使用した場合と比べても，30%も消費電力量が少なくて済む」旨の表示をして広告している。しかし，実際には，甲と乙の時間当たりの消費電力量に差はなかった。この場合，A社の行為は，景品表示法に違反する可能性があるだけでなく，不正競争防止法に違反する可能性もある。

(2) 有利誤認表示

□□□ 問題 1
★★

事業者が，「通常価格10万円を，キャンペーン期間中に限り7万円で販売」という旨の表示をして商品等を販売したが，実際には，当該商品を10万円で販売したことはなかった場合でも，当該事業者の行為が景品表示法に違反することはない。

3 違反行為の排除措置等

□□□ 問題 1
★★★
重要!

A社が不特定かつ多数の者に対し，優良誤認表示をした場合には，消費者契約法上の適格消費者団体は，原則として，A社に対して，A社の従業員による勧誘行為の差止め等の必要な措置を請求することができる。

□□□ 問題 2
★★★

事業者が，景品表示法上の不当表示に違反する行為をした場合，内閣総理大臣（消費者庁長官）は，当該事業者に対して，その行為の差止め等に必要な事項を命ずることができるし，課徴金の納付を命じることができる。また，直ちに罰金刑が科せられる場合もある。

解答 2

○

景品表示法の優良誤認表示に当たるだけでなく，不正競争防止法上の原産地等誤認表示，あるいは営業誹謗行為として不正競争防止法に違反する。

解答 1

有利誤認表示に当たり，景品表示法に違反することがある。

解答 1

○

事業者が，不特定かつ多数の者に対し，優良誤認表示や有利誤認表示を行っているなどの場合に，消費者契約法上の適格消費者団体が当該行為の停止もしくは予防またはその他の当該行為の停止もしくは予防に必要な措置をとることを請求することができる。

解答 2

○

事業者が不当表示に違反する行為をした場合，内閣総理大臣（消費者庁長官）は，措置命令も課徴金納付命令も出すことができる。また，景品表示法の改正により，悪質な不当表示については，直罰（100万円以下の罰金）が科せられる。

第４節　金融商品・金融サービスに対する規制

テーマ１　金融サービス提供法・金融商品取引法

□□□ **問題 1**
★★★
重要!

金融サービス提供法上の金融商品販売業者は，販売する金融商品について一定の重要事項を説明しなければならないが，これを怠った場合，そのことにより顧客に損害が生じたときは，元本欠損額が顧客の損害額と推定される。

□□□ **問題 2**
★★

金融商品取引業者等は，顧客に対し，不確実な事項について断定的判断を提供し，または確実であると誤解させるおそれのあることを告げて，金融商品取引契約の締結の勧誘をしても，金融商品取引法に違反しない。

□□□ **問題 3**
★★

金融商品取引法上の金融商品取引業者は，あらかじめ損失補てんを約束することは禁止されている。しかし，実際に顧客に損失が生じた場合に，金融商品取引業者が事後に損失補てんをすることは，金融商品取引法に違反しない。

□□□ **問題 4**
★★★
重要!

公開買付けの実施にあたっては，買付けに応募する株主ごとに異なる買付価格を設定することもできる。

□□□ **問題 5**
★★★
重要!

金融商品取引法上，上場会社の役員や使用人その他の従業者は，インサイダー取引の主体に含まれるが，当該上場会社と契約を締結している者または締結の交渉をしている者はインサイダー取引の主体には含まれない。

解答 1　記述のとおりである（金融サービス提供法４条，６条，７条）。

解答 2　金融商品取引法上，金融商品取引業者等が「この株は必ず上昇する」といった不確実な事項について断定的判断を加えて投資勧誘を行うことは禁止されている（金融商品取引法38条２号）。なお，金融商品販売業者等が断定的判断の提供等をすることは金融サービス提供法によって禁止されている（金融サービス提供法５条）。

×

解答 3　事後の損失補てん，利益追加の約束，実行も禁止されている。

解答 4　公開買付けの場合，買付価格は，すべての応募株主について均一でなければならない。

解答 5　金融商品取引法上，当該上場会社等と契約を締結している者または締結の交渉をしている者もインサイダー取引の主体に含まれる。したがって，これらの者が，当該上場会社等に係る業務等に関する重要事実を当該契約の締結もしくはその交渉または履行に関し知ったときは，それが未だ公表されていない段階で，その者がその会社の株式等の売買などを行うことはインサイダー取引に該当し，金融商品取引法に違反する。

×

□□□ **問題 6**
★★

金融商品取引法上，上場会社の役員が，重要な事項につき虚偽の記載のある有価証券報告書を提出した場合やその職務に関して当該上場会社にかかる業務等に関する重要事実を知り，その事実が公表される前に，当該上場会社の株式を売買した場合，当該役員に刑事罰が科されることはあるが，当該上場会社に刑事罰が科されることはない。

解答 6

本問の場合，当該役員に刑事罰が科されることがあるだけでなく，当該上場会社も両罰規定によって刑事罰が科されることがある。

第５節　情報化社会に関する法律

毎回，１題～２題出題されます。個人情報保護法から１題，その他の法律（プロバイダ責任制限法が中心）から１題というのが標準的な出題です。

テーマ１　個人情報保護法

1 個人情報とは

□□□ **問題１**
★★

個人情報保護法上の個人情報には，死者に関する情報も当然に含まれるが，外国人の情報は含まれない。

□□□ **問題２**
★★

生存する個人の情報であって個人識別符号が含まれるものは，個人情報保護法上の個人情報に該当するが，自動車運転免許証番号やパスポート番号は，その番号単体のみでは個人情報保護法上の個人識別符号に該当しない。

2 個人情報データベース等・個人情報取扱事業者

□□□ **問題１**
★★

個人情報データベース等を事業の用に供している者は，原則として個人情報取扱事業者に該当するが，当該個人情報データベース等を構成する個人情報によって識別される特定の個人の数の合計が極めて少ない場合には，例外的に個人情報取扱事業者に該当しない。

3 個人情報取扱事業者の義務

(1)　利用目的とそれによる制限

□□□ **問題１**
★★
重要!

個人情報取扱事業者は，利用目的をできる限り特定しなければならないが，取得した個人情報の利用目的を変更する場合には，変更前の利用目的と無関係に，任意にその利用目的を変更することができる。

解答 1 ×

個人情報は「生存する」個人に関する情報であることから，死者に関する情報については，直ちに個人情報に該当するわけではない。また，外国人に関する情報は個人情報に含まれる。

解答 2 ×

設問前段は正しい。しかし，自動車運転免許証番号やパスポート番号は，その番号単体のみで個人情報保護法上の個人識別符号に該当する。

解答 1 ×

個人情報保護法上，個人情報データベース等を事業の用に供している者は，当該個人情報データベース等を構成する個人情報によって識別される特定の個人の数の多寡にかかわらず，原則として個人情報取扱事業者に該当する。

解答 1 ×

設問前段は正しい。しかし，設問後段が誤っている。個人情報取扱事業者は，利用目的を変更しようとする場合，変更前の利用目的と関連性を有すると合理的に認められる範囲を超えて行うことはできない（個人情報保護法17条２項）。

□□□ **問題 2** ★

個人情報保護法上の個人情報取扱事業者に該当するA社は，プリンター等のPC周辺機器と腕時計を製造販売していた。A社は，同社のプリンターを購入した顧客から個人情報保護法上の個人情報に該当する顧客情報を取得する際に，利用目的を購入した商品のアフターサービスのためと明示していた。A社は，当該顧客情報を利用して，プリンターを購入した顧客に対し，腕時計のパンフレットを発送した。A社の行為は個人情報保護法に違反しない。

□□□ **問題 3** ★★

個人情報保護法上の個人情報取扱事業者に該当するA社は，プリンター等のPC周辺機器を製造販売していた。A社は，同社のプリンターを購入した顧客から個人情報保護法上の個人情報に該当する顧客情報を取得する際に，利用目的を購入した商品のアフターサービスのためと明示していた。この場合であっても，A社は，その利用目的を顧客に，速やかに通知しなければならない。

(2) 第三者提供の制限

□□□ **問題 1** ★★★

個人情報保護法上，個人情報取扱事業者は，本人の求めに応じて個人データの第三者への提供を停止することとしている場合であって，第三者に提供される個人データの項目や提供の方法等，一定の事項について，あらかじめ本人に通知し，または本人が容易に知りうる状態に置くとともに，個人情報保護委員会に届け出たときは，要配慮個人情報を含む個人データや不正取得した個人データでも，あらかじめ本人の同意を得ずに，その個人データを第三者に提供することができる。

解答 2

×

個人情報取扱事業者は，法令に基づく場合その他一定の場合を除き，あらかじめ本人の同意を得ないで，利用目的の達成に必要な範囲を超えて，個人情報を取り扱ってはならない（個人情報保護法18条）。

解答 3

あらかじめ，その利用目的を公表しているなど利用目的を明示している場合には，その利用目的を本人に通知する必要はない（個人情報保護法21条）。

解答 1

①本人の求めに応じて個人データの第三者への提供を停止することとしている場合であって，②第三者に提供される個人データの項目や提供の方法等，一定の事項について，あらかじめ本人に通知し，または本人が容易に知りうる状態に置くとともに，③個人情報保護委員会に届け出たときは，あらかじめ本人の同意を得なくても，その個人データを第三者に提供することができる（オプトアウト：個人情報保護法27条２項本文）。しかし，要配慮個人情報を含む個人データや不正取得により取得した個人データ，他の個人情報保護取扱事業者からオプトアウトにより提供された個人データについては，オプトアウトによる第三者提供をすることができない（個人情報保護法27条２項ただし書）。

□□□ **問題 2**
★★
重要!

個人情報取扱事業者が吸収合併や事業の譲渡に伴って存続会社や譲受会社に当該事業に関する個人データを提供しようとする場合でも，個人情報取扱事業者は，当該個人データにより識別される個人から事前に同意を得なければ，当該個人データを提供することができない。

□□□ **問題 3**
★

個人情報保護法上の個人情報取扱事業者に該当するA社は，プリンター等のPC周辺機器を製造販売していた。A社は，同社のプリンターを購入した顧客から個人情報保護法上の個人情報に該当する顧客情報を取得していた。A社が，個人情報を取得する際に，A社の子会社であるB社と共同利用する旨や共同利用される個人データの項目等，一定の事項について，あらかじめ本人が容易に知り得る状態に置いた場合，A社は，顧客の同意を得なくとも，A社が取得した個人情報をB社に提供できる。

(3) 個人情報への本人の関与

□□□ **問題 1**
★

個人情報保護法上の個人情報取扱事業者に該当するA社は，プリンター等のPC周辺機器を製造販売していた。A社は，同社のプリンターを購入した顧客から個人情報保護法上の個人情報に該当する顧客情報を取得していた。A社は顧客から，当該顧客が識別される保有個人データの内容が事実でないとの理由によってその訂正を求められた。この場合，A社は当該顧客の申し出た訂正内容について調査をすることなく，直ちに，当該顧客の申し出た通りに当該個人データの訂正を行わなければならない。

解答 2

合併その他の事由による事業の承継に伴って個人データを提供する場合は，第三者提供に該当しない（個人情報保護法27条5項2号）。したがって，この場合には，あらかじめ本人の同意を得る必要はない。

《第三者提供に該当しない場合》

1．個人情報取扱事業者が利用目的の達成に必要な範囲内において個人データの取扱いの全部または一部を委託する場合 ■**具体例** 個人情報のパソコンへの入力を外部の業者に委託する場合など	2．合併その他の事由による事業の承継に伴って個人データが提供される場合	3．共通利用目的で一定の範囲内（グループ会社など）において共同利用する場合

解答 3

記述のとおりである（個人情報保護法27条5項3号）。

解答 1

この場合，当該個人情報取扱事業者は，原則として，個人情報の利用目的の達成に必要な範囲内において，遅滞なく必要な調査を行い，その結果に基づき，当該保有個人データの訂正を行わなければならない（個人情報保護法34条1項・2項）。

□□□ **問題 2**
★★

個人情報取扱事業者は，本人から，当該本人が識別される保有個人データの開示を求められたときであっても，当該個人情報の管理を理由として，本人からの開示請求を拒否することができる。

テーマ2 インターネット関係の法規制

□□□ **問題 1**
★

他人のIDやパスワードをそれらの利用権者およびアクセス管理者以外の者に無断で提供する行為は，「不正アクセス行為の禁止等に関する法律」(不正アクセス禁止法)とは別の法律で禁止されており，同法では禁止されていない。

□□□ **問題 2**
★★

とある情報の流通に使用される特定電気通信設備を用いて他人の通信を媒介する者（プロバイダ）の電子掲示板での書き込みにより他人の名誉が毀損された。しかし，当該プロバイダが，当該情報の送信を防止する措置を講ずることは技術的に不可能であった。この場合でも，プロバイダ責任制限法上，当該プロバイダは，常に，電子掲示板に書き込みをした者と連帯して損害賠償責任を負うとされている。

□□□ **問題 3**
★★

ウェブページや電子掲示板などでの情報の流通によって権利侵害を受けた者は，一定の要件を満たす場合には，その権利侵害を行った発信者の情報の開示をプロバイダ等に請求することができる。

□□□ **問題 4**
★

プロバイダ責任制限法の「特定電気通信役務提供者」に含まれるのは，いわゆるプロバイダ（ISP）だけなので，たとえインターネット上の電子掲示板に，個人のプライバシーを侵害する書き込みがあった場合でも，当該掲示板の管理者が責任を問われる可能性はない。

解答 2 ×

本人は，事業者に対し，当該本人が識別される保有個人データの開示を請求することができる。事業者は，本人から，上記開示請求を受けたときは，一定の場合を除き，本人に対し遅滞なく，当該保有個人データを開示しなければならない（個人情報保護法33条１項・２項）。

解答 1 ×

不正アクセス禁止法は，他人の識別符号（IDやパスワード）を無断で提供する行為を禁止している（不正アクセス禁止法５条）。

解答 2 ×

この場合，送信防止措置を講ずることが可能であり，かつ，当該情報の流通による権利侵害を知っていたか，または知ることができたと認めるに足りる相当の理由があるときでなければ，原則としてプロバイダは損害賠償責任を負わない（プロバイダ責任制限法３条）。

解答 3 ○

被害者は，損害賠償を請求するために，請求者の権利が侵害されたことが明らかであるときで，請求者が損害賠償請求権を行使するのに必要な場合等の正当な理由がある場合など一定の要件を満たす場合のみ，その権利侵害を行った発信者の情報の開示をプロバイダ等に請求することができる（プロバイダ責任制限法５条）。

解答 4 ×

プロバイダ責任制限法の「特定電気通信役務提供者」には，いわゆるプロバイダ（ISP）だけでなく，掲示板を設置するウェブサイトの運営者なども含まれる。したがって，掲示板の管理者が責任を問われる可能性はある。

「特定電子メールの送信の適正化等に関する法律」(迷惑メール防止法) 上，特定電子メールの送信者は，あらかじめ特定電子メールを送信することに同意した者に限らず，誰に対しても，広告・宣伝を行うための手段として特定電子メールを送信することができる。

解答５ ×

特定電子メールについては，原則として，あらかじめ送信に同意した者以外の者に送信することが禁止されている（迷惑メール防止法３条）。

第6節 企業に関わる犯罪

ほぼ毎回，1題出題されます。最近では総合問題の1肢として出題されることも多くなっています。会社の企業秘密を他社に漏洩した場合の処理や利益供与罪の出題があります。また，公益通報者保護法についての出題もあります。

テーマ1 企業が被害者となる場合

□□□ **問題1** ★★

会社の部課長など営業秘密に該当する文書を保管する権限を有する者が，当該文書を会社から無断で持ち出し，ライバル企業に売却すると，窃盗罪が成立する。

□□□ **問題2** ★★

会社の部課長など営業秘密に該当する文書を保管する権限を有する者が，当該文書を無断で携帯電話のカメラで写真にとり，そのデータをメールでライバル企業に送信し，金銭を得ると，窃盗罪が成立する。

解答 1 この場合には，業務上横領罪が成立する。

解答 2 秘密（情報）自体を他社に漏らしても窃盗罪は成立しない。この場合，背任罪が成立する可能性がある。また，不正競争防止法で処罰される可能性もある。

×

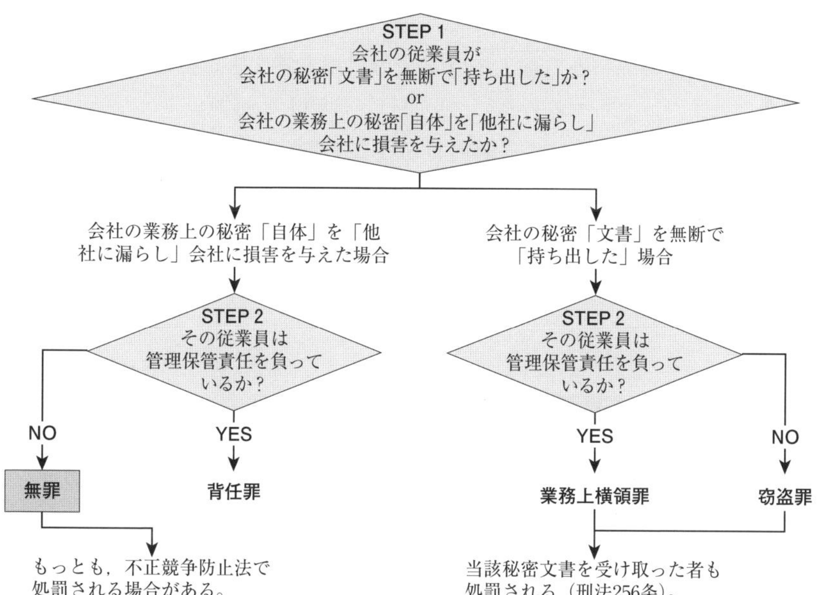
STEP 1
会社の従業員が
会社の秘密「文書」を無断で「持ち出した」か？
or
会社の業務上の秘密「自体」を「他社に漏らし」
会社に損害を与えたか？
会社の業務上の秘密「自体」を「他社に漏らし」会社に損害を与えた場合
会社の秘密「文書」を無断で「持ち出した」場合
STEP 2
その従業員は
管理保管責任を負っているか？
STEP 2
その従業員は
管理保管責任を負っているか？
NO
YES
YES
NO
無罪
背任罪
業務上横領罪
窃盗罪
もっとも，不正競争防止法で処罰される場合がある。
当該秘密文書を受け取った者も処罰される（刑法256条）。

テーマ2 利益供与罪・利益供与要求罪

□□□ 問題1 ★★★

たとえば，企業がいわゆる総会屋に利益供与をした場合，当該総会屋は処罰されるが，当該企業が利益供与を拒み，当該総会屋は利益供与を要求したに過ぎない場合には，当該総会屋は処罰されない。

テーマ3 特別背任罪

□□□ 問題1 ★★★

金融機関の融資担当役員が，回収不能となることが十分予想されるにもかかわらず，十分な担保等を取らずに融資をし会社に損害を与える行為は，自己もしくは第三者の利益を図る目的および会社に損害を加える目的のいずれも有しなかったとしても，特別背任罪に該当する。

テーマ4 信用毀損罪・偽計業務妨害罪

□□□ 問題1 ★★★

競争関係にある他人の営業上の信用を害する虚偽の事実を告知し，または流布する行為については，刑法上の処罰規定はないが，不正競争防止法上の営業誹謗行為として処罰される。

テーマ5 公益通報者保護法

□□□ 問題1 ★★

公益通報者保護法上，公益通報者とは公益通報を行った労働者をいい，この労働者にはアルバイトや派遣労働者を含まない。

解答 1 ×

株主の権利の行使に関して利益の供与を受けた場合だけでなく，利益の供与を要求した場合も処罰の対象とされる。

解答 1 ×

会社法上の特別背任罪が成立するためには，自己もしくは第三者の利益を図る目的または会社に損害を加える目的が必要である（会社法960条）。

解答 1 ×

競争関係にある他人の営業上の信用を害する虚偽の事実を告知し，または流布する行為は，不正競争防止法上の営業誹謗行為（不正競争防止法２条１項21号）に該当するが，営業誹謗行為は，不正競争防止法上の刑事罰の対象行為ではない。また，競争関係にある他人の営業上の信用を害する虚偽の事実を告知し，または流布する行為は，刑法上の信用毀損罪または偽計業務妨害罪の対象となる（刑法233条）。

解答 1 ×

公益通報者とは，公益通報を行った労働者（派遣労働者，パート，アルバイトも含む）をいう。

なお，同法により保護を受ける通報者には退職後１年以内の退職者と役員も含まれる（公益通報者保護法２条１項・２項）。

□□□ 問題 2
★★

公益通報者保護法上，企業が，公益通報を行ったことを理由として，公益通報者に対して解雇，降格・減給，労働者派遣契約の解除などをなすことを禁止している。

□□□ 問題 3
★★

個人情報保護法や金融商品取引法に抵触する事実は公益通報者保護法上の公益通報の対象となることはあるが，会社法上の利益供与罪や特別背任罪に該当する行為を行った事実は公益通報者保護法上の公益通報の対象とはならない。

□□□ 問題 4
★★

労働者が公益通報者保護法上の公益通報をする場合の通報先には，労務提供先等，当該通報対象事実について処分・勧告権限を有する行政機関，公益通報を行うことがその発生又はこれによる被害の拡大を防止するために必要であると認められる者等がある。労働者がいずれを通報先としても，当該労働者が公益通報者保護法により保護されるための要件は同一である。

解答2 ○

記述のとおりである。

《公益通報者に対する保護》

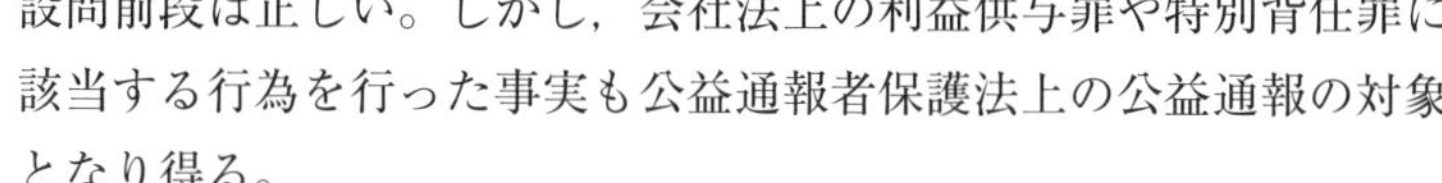

①解雇の無効（公益通報者保護法3条）
②労働者派遣契約解除の無効（公益通報者保護法4条）
③その他の不利益な取扱い（降格，減給，派遣労働者の交代を求めること等）の禁止（公益通報者保護法5条）

なお，事業者は，公益通報によって損害を受けたことを理由に，当該公益通報者に当該損害賠償を請求できない（公益通報者保護法7条）。

解答3 ×

設問前段は正しい。しかし，会社法上の利益供与罪や特別背任罪に該当する行為を行った事実も公益通報者保護法上の公益通報の対象となり得る。

なお，一定の過料対象行為も公益通報の対象となる（公益通報者保護法2条3項）。

解答4 ×

労働者が公益通報者保護法上の公益通報をする場合，労務提供先等，当該通報対象事実について処分・勧告権限を有する行政機関，公益通報を行うことがその発生又はこれによる被害の拡大を防止するために必要であると認められる者等のいずれを通報先とするかにより，当該労働者が公益通報者保護法により保護されるための要件が異なる。

第5章

株式会社

本章では，会社法に関する出題が中心となります。本章からは，毎回，**7題～8題程度出題されます**。

第1節 株式会社の仕組み

テーマ1 設　立

設立からは，ほぼ**毎回1題出題**されます。

《設立手続の概略》

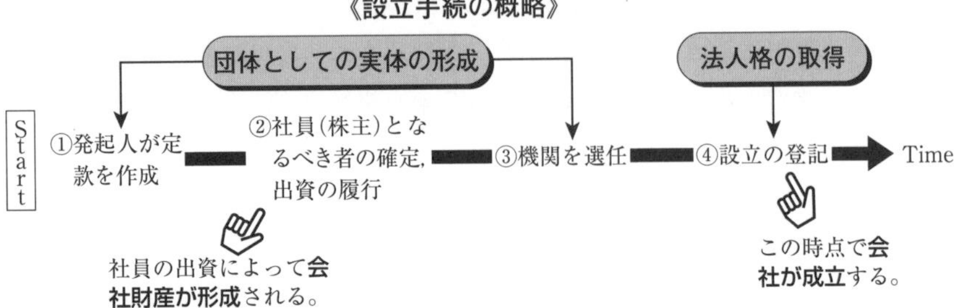

1 設立の種類と定款

□□□ **問題1** ★★★

会社法によれば，各発起人は，設立時発行株式を1株以上引き受けなければならず，また，設立時に会社が発行する株式を引き受けることができるのは発起人のみであり，第三者が引き受けることは認められていない。

□□□ **問題2** ★★★

株式会社の定款は，後日の紛争を避けるために公証人の認証を受けなければならないが，認証自体は定款の対抗要件である。

解答 1 募集設立も認められる。

解答 2 株式会社の定款は公証人の認証を受けてはじめて効力を生じる。すなわち，公証人の認証は定款の効力発生要件であるといえる。

×

2 定款の記載事項

□□□ **問題 1**
★

株式会社の設立に際して出資される財産の価額またはその最低額や発行可能株式総数は，定款に必ず記載または記録する必要があり，これらの記載を一つでも欠く定款は無効である。ただし，発行可能株式総数については，定款作成時に記載されている必要はなく，株式会社の成立の時までに定款を変更して定めればよい。

□□□ **問題 2**
★★

株式会社の設立に際し，発起人が出資の履行をする場合，出資の対象となるのは金銭のみであり，たとえば不動産などの金銭以外の財産を出資の対象とすることはできない。

□□□ **問題 3**
★★

株式会社の設立の際，現物出資をする場合には，現物出資者の氏名または名称，当該財産及びその価額などを定款に記載または記録し，原則として，裁判所の選任する検査役の調査を受けなければならない。しかし，この記載または記録をしなかったとしても，当該定款自体が無効となるわけではなく，当該現物出資の効力が認められないだけである。

□□□ **問題 4**
★

Aは，甲株式会社を設立して事業を開始するため，発起人となりその準備を進めている。Aは，甲社の成立を条件として，甲社の工場用地に使用するX土地を甲社が乙社から譲り受ける売買契約を締結したが，定款には記載しなかった。その後，甲社が成立し，代表取締役に就任したAは，当該売買契約を甲社を代表して追認した。当該売買契約の効果は成立後の会社である甲社に帰属する。

□□□ **問題 5**
★

株式会社の成立により発起人が報酬を受ける場合，その報酬の額を定款に定め，公証人による定款の認証の後遅滞なく，裁判所の選任する検査役の調査を受けなければならない。

解答1 ○

会社の目的・商号・本店の所在地・発起人の氏名または名称および住所・設立に際して出資される財産の価額またはその最低額・発行可能株式総数は定款の絶対的記載事項であり（会社法27条各号，37条1項），これらの記載事項を一つでも欠く定款は無効である。ただし，発行可能株式総数については，定款作成時に記載されている必要はなく，株式会社の成立の時までに定款を変更して定めればよい。

解答2 ×

現物出資とは，金銭以外の財産による出資をいう。発起人の出資については，現物出資もその内容を定款に記載または記録すれば認められる（会社法28条1号）。

解答3 ○

現物出資は相対的記載事項としての変態設立事項であり，変態設立事項は定款に記載・記録しないとその効力は認められず（会社法28条柱書1号），原則として，裁判所の選任する検査役の調査を受けなければならない（会社法33条1項）。しかし，定款に記載・記録されなくても，定款自体が無効となるわけではない。

解答4 ×

Aの行為は，財産引受けに該当する。財産引受けは，譲渡の目的である財産，その価額，譲渡人の氏名または名称を定款に記載または記録しないと絶対的無効であり，たとえ成立後の会社が追認しても，契約の効果を会社に帰属させることはできないというのが判例である。

解答5 ○

発起人の受けるべき報酬の額は定款の相対的記載事項であり（会社法28条柱書3号），その内容を定款に記載または記録し，かつ公証人による定款の認証の後，遅滞なく，原則として裁判所の選任する検査役の調査を受けなければならない（会社法33条1項）。

3 設立に関する責任等

□□□ 問題 1
★★
重要!

A・B・Cは甲株式会社設立の発起人である。Aは出資を履行していない。この場合，会社法上，B・Cは一定の期日を定めて当該出資の履行をしなければならない旨をAに通知する義務を負う。そして，Aがこの期日までに出資を履行しないときには，Aは，設立時の発行株式の株主となる権利を失う。また，募集設立の場合の引受人Dも，払込期日または期間内に払込みをしない場合，設立時募集株式の株主となる権利を失う。

□□□ 問題 2
★★

発起人は，株式会社の設立についてその任務を怠り，当該株式会社に損害を生じさせた場合，当該株式会社に対し連帯して損害賠償責任を負うが，この発起人の株式会社に対する損害賠償責任は，総株主の同意があれば免責される。

□□□ 問題 3
★★

A・B・Cは甲株式会社設立の発起人である。Aは自己の所有するX土地を現物出資した。ところが，甲社成立時点のX土地の価額は定款に記載された価額に著しく不足していた。この場合，X土地の評価について検査役による調査を受けていたときは，A・B・C全員が連帯してその差額を支払う義務を負う。

□□□ 問題 4
★★★

A・B・Cは甲株式会社設立の発起人である。ところが，諸般の事情で設立登記まで至らず，甲社は成立しなかった。この場合，A・B・Cは，連帯して，甲社の設立に関してした行為についてその責任を負い，甲社の設立に関して支出した費用を負担する。

□□□ 問題 5
★★★
重要!

Aは，自ら発起人となり，甲株式会社を設立しようと考え，書面により甲社の定款を作成した。Aは，Bの承諾を得て，甲社の株主募集広告にBの氏名を表示して，Bが甲社の設立を賛助している旨を記載した。この場合，Bは定款に発起人とは記載されていないので，発起人と同様の責任を負うことはありえない。

解答1 ○

記述のとおりである（会社法36条，63条）。

解答2 ○

記述のとおりである（会社法53条1項，54条，55条）。なお，設立時取締役・設立時監査役は，設立中の会社の監督機関として調査義務を負い（会社法46条，93条），この義務を怠って会社に損害を生じさせた場合も同様である。

解答3 ×

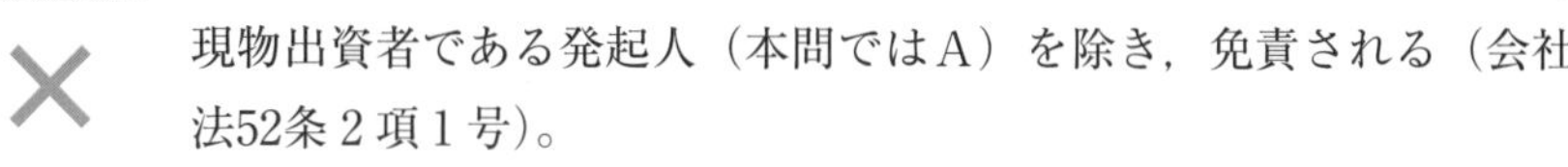

現物出資（会社法28条1号）につき，検査役の調査を受けたときは，現物出資者である発起人（本問ではA）を除き，免責される（会社法52条2項1号）。

解答4 ○

会社不成立の場合，発起人は，連帯して，株式会社の設立に関してなした行為についてその責任を負い，株式会社の設立に関して支出した費用を負担する（会社法56条）。

解答5 ×

擬似発起人とは，募集設立を行った場合に，発起人以外の者で，当該募集の広告その他当該募集に関する書面または電磁的記録に，自己の氏名または名称および株式会社の設立を賛助する旨を記載し，または記録することを承諾した者をいう。従って，Bは擬似発起人にあたる。そして，擬似発起人は，発起人とみなされ，発起人と同一の責任を負う（会社法103条4項）。

□□□ 問題 6
★★★
重要!

預合いとは，発起人が払込取扱銀行から金銭を借り入れ，これを株式の払込みに充てるが，その借入金を完済するまでは払込金を引き出さない旨を約束することをいう。当該行為は会社法に違反するが，預合いの当事者である発起人や払込取扱銀行の担当者には刑事罰が科されることはない。

□□□ 問題 7
★★
重要!

会社は，設立手続の過程で社団としての実体が形成された時点で成立する。したがって，設立の登記は対抗要件にすぎない。

テーマ2 株式と株券および株主名簿

1 株　式

□□□ 問題 1
★★

株式会社は，定款の定めにより株主の権利を制限することができるから，株式会社が株主に株主総会における議決権や剰余金の配当を受ける権利及び残余財産の分配を受ける権利の全部を与えない旨を定款で定めた場合でも，その定款は効力を有する。

解答６　×

預合いを行った発起人や払込取扱銀行の担当者には，刑事罰が科されることがある（会社法965条）。

解答７　×

会社は，実体の形成の後，本店所在地において設立登記をすることによって成立し，法人格を取得する（会社法49条）。すなわち，設立登記は会社の成立要件である。

解答１　×

定款によっても，剰余金の配当を受ける権利および残余財産の分配を受ける権利の全部を奪うことはできない（会社法105条２項）。

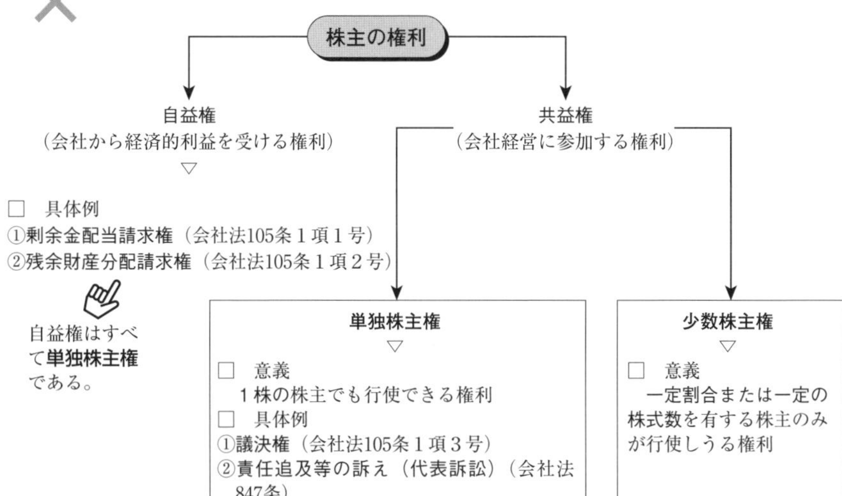
株主の権利
自益権
（会社から経済的利益を受ける権利）
▽
□　具体例
①剰余金配当請求権（会社法105条１項１号）
②残余財産分配請求権（会社法105条１項２号）
自益権はすべて単独株主権である。
共益権
（会社経営に参加する権利）
単独株主権
▽
□　意義
１株の株主でも行使できる権利
□　具体例
①議決権（会社法105条１項３号）
②責任追及等の訴え（代表訴訟）（会社法847条）
少数株主権
▽
□　意義
一定割合または一定の株式数を有する株主のみが行使しうる権利

□□□ **問題 2** ★★★ 重要!

公開会社のみならず公開会社でない株式会社においても，定款の定めによって，株主一人一議決権とすることや株主全員の配当を同額にすることは，株主平等の原則に反するので，認められない。

□□□ **問題 3** ★

剰余金配当請求権について，一部の株主のみを優先的に取り扱う旨を定めた株式を発行することは認められない。

□□□ **問題 4** ★★

会社法は，議決権制限株式の数が発行済株式総数の２分の１を超えた場合には，直ちにこれを２分の１以下にするための必要な措置をとらなければならない旨を定めている。この規制は，公開会社のみならず公開会社でない株式会社にも適用される。

□□□ **問題 5** ★

株式会社は，その発行する全部または一部の株式の内容として，当該株式会社が一定の事由が生じたことを条件として当該株式を取得することができる旨を定款に定めることができる。

□□□ **問題 6** ★★★

株式会社が会社法の定める単元株制度を導入している場合，単元未満株主は，その有する単元未満株式について，当該株式会社の株主総会において議決権を行使することはできない。

2 株主名簿

□□□ **問題 1** ★★★ 重要!

会社法上，Ａ株式会社は，基準日として定めた日に株主名簿に記載または記録されている株主を，当該基準日から一定の期間内に開催される株主総会において議決権等の権利を行使することができる者と定めることができる。

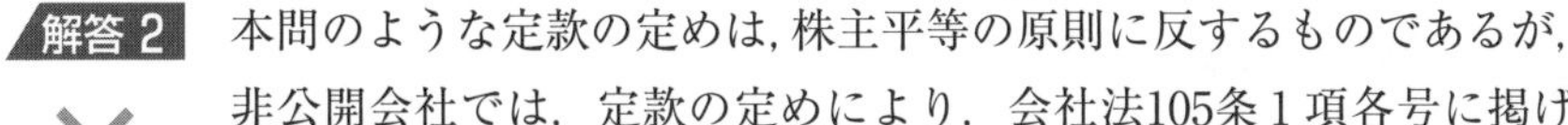

解答2 ×

本問のような定款の定めは，株主平等の原則に反するものであるが，非公開会社では，定款の定めにより，会社法105条1項各号に掲げる株主の基本的権利について，株主ごとに異なる取扱いを行うことができるとされている（会社法109条2項）。

解答3 ×

会社法上，株主平等の原則の例外である種類株式の1つとして，剰余金の配当についての優先株も認められている（会社法108条1項1号）。

解答4 ×

公開会社においては，議決権制限株式の数が発行済株式総数の2分の1を超えた場合，会社は，直ちにこれを2分の1以下にするため必要な措置をとらなければならない（会社法115条）。しかし，公開会社でない株式会社では，このような制限はない。

解答5 ○

記述のとおりである。取得条項付株式である（会社法2条19号，107条1項3号・2項柱書3号，108条1項6号・2項柱書6号）。

解答6 ○

単元株制度とは，定款により一定数の株式を一単元の株式と定め（ex. 100株で1単元の株式とするなど），一単元の株式につき一個の議決権を認めるが，単元未満の株式には議決権を認めない制度をいう（会社法188条）。ただし，単元株式数は法務省令で定める数を超えることはできないという制限がある（会社法188条2項）。

解答1 ○

記述のとおりである（会社法124条）。

テーマ3 株式の譲渡

1 株式譲渡の方法

□□□ 問題1 ★★ 重要!

株券不発行会社である株式会社における株式の譲渡は，譲渡当事者間の譲渡の意思表示に加えて，株主名簿に譲受人の氏名および住所を記載または記録することによって譲渡の効力が生じる。

2 譲渡制限会社

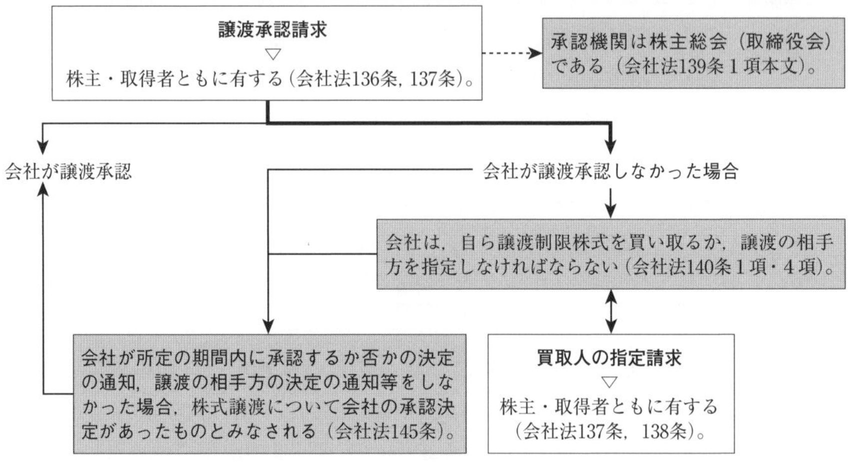

□□□ 問題1 ★

A株式会社は譲渡制限株式を発行している。A社の譲渡制限株式について譲渡の承認請求があった場合，A社が取締役会設置会社であれば，譲渡を承認する機関は，原則として取締役会である。

□□□ 問題2 ★

取締役会設置会社において，取締役会の承認なしになされた譲渡制限株式の譲渡は，会社に対する関係では効力を生じないし，譲渡当事者間でも無効である。

解答 1

株券が発行されていない場合における株式の譲渡の効力は譲渡当事者間の意思表示のみで発生する。株主名簿への記載または記録は株式会社その他の第三者への対抗要件にすぎない（会社法130条1項）。なお，株券発行会社における株式の譲渡は，意思表示に加えて当該株式に係る株券を交付しなければ効力を生じない（会社法128条1項本文）。また，第三者に対する対抗要件は株券の占有である。

解答 1

○

承認機関は原則として株主総会（取締役会設置会社では取締役会）である（会社法139条1項本文）。

解答 2

株主総会（取締役会）の承認なしになされた譲渡制限株式の譲渡は，会社に対する関係では効力を生じないが，譲渡当事者間では有効である。

3 自己株式

□□□ **問題 1**
★★★
重要!

会社法上，株式会社は，自己株式については議決権を有しないとされているため，自己株式を取得した会社は，当該自己株式について，株主総会で議決権を行使することはできない。

□□□ **問題 2**
★★

株式会社は取得した自己株式を一定期間内に処分する義務を負い，そのまま保有し続けることはできない。

□□□ **問題 3**
★★

取締役会設置会社である株式会社が，株主との合意により自己の株式を取得しようとする場合には，特定の株主からの取得か否かにかかわらず，当該会社は，あらかじめ株主総会の普通決議によって，取得する株式の数や取得の対価等を定めなければならず，この株主総会の決定に従い株式を取得しようとするときは，その都度，取得する株式の数等を取締役会決議により定めなければならない。

□□□ **問題 4**
★★

取締役会設置会社は，子会社から自己の株式を有償取得する場合や市場取引または金融商品取引法上の公開買付けにより自己の株式を取得する場合，定款に特段の定めをしているか否かにかかわらず，取締役会の授権決議があれば，自己の株式を取得できる。

テーマ4 株主総会

1 議決権

□□□ **問題 1**
★★

会社法上，株主は，代理人によって議決権を行使することができる。しかし，定款の定めによっても代理人となり得る者を当該会社の株主に限定することはできない。

解答１ ○

会社が取得した自己株式については議決権が制限される（会社法308条２項）。

解答２ ×

会社は取得した自己株式を処分する義務はなく，取得した自己株式を保有することができる。

解答３ ×

株主との合意により自己の株式を取得する場合でも，すべての株主を対象とする場合には，株主総会の普通決議でよいが，特定の株主から自己の株式を取得しようとする場合には，あらかじめ株主総会の特別決議によって，取得する株式の数や取得の対価等を決定しなければならない（会社法309条２項２号，156条１項，160条１項）。

解答４ ×

取締役会設置会社では，会社がその子会社との合意により，子会社の有する自己の株式を有償取得する場合，取締役会の授権決議のみあれば足りる（会社法163条）。しかし，取締役会の授権決議により自己の株式を市場取引等により取得するためには，その旨の定款の規定が必要である（会社法165条２項）。

解答１ ×

判例によると，定款で代理人の資格を株主に限定することができる。

□□□ **問題 2** ★

すべての株式会社は，書面による議決権の行使，すなわち，書面投票制を採用しなければならない。

2 株主総会の招集と運営

□□□ **問題 1** ★★★ 重要!

A株式会社は取締役会設置会社である。取締役会設置会社においても，一定の要件を充たすA社の株主は，株主総会の招集請求権および招集権を有する。

□□□ **問題 2** ★★

会社法上，取締役会設置会社でも，書面または電磁的方法による議決権行使を認めていない場合には，株主総会の招集通知を書面またはこれに代わる電磁的方法により行う必要はない。

□□□ **問題 3** ★★

株主総会の招集通知には手間と費用がかかるため，会社法上，総株主の過半数の同意があれば，株主総会の招集手続を省略することができるとされている。

□□□ **問題 4** ★★

株式会社が株主総会の招集通知を発するときは，株主名簿の記載または記録された株主の住所に宛てて招集通知を発する必要があるが，この通知は，発信するだけでは足りず，株主名簿の記載または記録された株主の住所に到達しなければ，その効力は生じない。

□□□ **問題 5** ★

取締役会設置会社の株主は，その保有株式数の多寡にかかわりなく，株主総会の決議事項で当該株主が議決権を行使することができる事項については，当該事項を株主総会の目的とすることを請求することができる。

解答 2

×

議決権株主数が1,000名以上の場合，書面投票が義務付けられており（会社法298条2項），すべての会社がこの義務を負うわけではない。

解答 1

○

株主総会招集請求権および同招集権は，総株主の議決権の3％以上を6カ月前より引き続き所有する株主（非公開会社では6カ月前より引き続き所有していなくともよい）に認められる（会社法297条）。

解答 2

×

取締役会設置会社の場合，書面または電磁的方法による議決権行使を認めているか否かを問わず，株主総会の招集通知は書面またはこれに代わる電磁的方法でしなければならない（会社法299条2項・3項）。

解答 3

×

株主総会の招集手続を省略することが認められるためには，書面又は電磁的方法による議決権行使を認めた場合でなく，かつ，株主全員の同意が必要である（会社法300条）。

解答 4

×

株式会社は株主名簿の記載または記録をもとに株主（登録質権者を含む）への通知・催告を行えばよく，発信が行われれば，通常到達すべき時に到達したものとみなされる（会社法126条1項・2項）。

解答 5

×

取締役会設置会社の場合，一定の事項を株主総会の目的とすること（議題：ex.取締役解任の件）を請求することができる権利（議題提案権）は，少数株主権である（会社法303条2項）。

□□□ **問題 6** ★

株主は，株主総会において，株主総会の目的である事項について議決権を行使することができるときは，当該事項につき議案を提出することができる（議案提案権）。ただし，取締役会設置会社においては，株主の議案提案権は少数株主権である。

3 株主総会の決議事項

□□□ **問題 1** ★

株主総会の普通決議は，議決権を行使することができる株主の議決権の過半数を有する株主が出席しなければ行うことができない。この定足数を，加重または軽減したり，排除する旨を定款で定めることはできない。

□□□ **問題 2** ★

株主総会の特別決議とは，議決権を行使することができる株主の議決権の過半数を有する株主が出席し，出席した株主の議決権の3分の2以上の多数による決議をいう。特別決議事項の例としては，合併，会社分割など各種のものがあるが，定款変更は含まれない。

テーマ5 取締役

1 取締役の意義

□□□ **問題 1** ★

取締役の選任・解任は株主総会の決議により行われる。取締役の選任決議については普通決議で足りるのに対して，解任決議については必ず特別決議が必要である。

2 取締役の義務

□□□ **問題 1** ★★★

取締役会設置会社において，取締役が競業取引をする場合，取締役は，競業取引につき取締役会の承認を得る必要はあるが，競業取引をした後，遅滞なく当該取引についての重要な事実を取締役会に報告する必要はない。

解答 6
×

株主は，株主総会において，株主総会の目的である事項につき議案（ex.取締役Aを解任したい）を提出する権利（議案提案権）を有する（会社法304条）。この議案提案権は取締役会設置会社か否かを問わず，単独株主権である。

解答 1
×

株主総会の普通決議については，定足数・決議要件は，定款で変更することができる（会社法309条１項）。定足数については排除することもできる。

解答 2
×

設問前段は正しい。しかし，設問後段にある定款変更は株主総会の特別決議事項である（会社法466条，309条２項11号）。

解答 1
×

取締役は，株主総会の普通決議をもって選任され，原則として，株主総会の普通決議をもって解任される（会社法329条，339条）。

解答 1
×

取締役会設置会社では，取締役が競業取引を行う場合，事前に取締役会の承認を受ける必要があるだけでなく，競業取引を行った取締役は，当該取引後，遅滞なく，当該取引についての重要な事実を取締役会に報告しなければならない（会社法356条１項１号，365条）。

□□□ **問題 2** ★
取締役会設置会社の取締役が競業取引をして，その結果会社に損害が生じたとしても，当該競業取引について事前に取締役会の承認を受けていれば，会社法上，当該取締役は会社に対する損害賠償責任を負わない。

□□□ **問題 3** ★
取締役会設置会社であるＡ株式会社において，取締役Ｘが取締役会の承認を得ずに競業取引をした場合，当該取引自体は無効であり，Ａ社は，Ｘに対して損害賠償を請求することができる。この場合，当該取引によりＸが得た利益の額が会社の損害額と推定される。

□□□ **問題 4** ★
甲会社（取締役会設置会社）の代表取締役Ａが，自己のＢに対する売買代金債務について連帯保証をするために，同社を代表してＢとの間で連帯保証契約を締結する場合，取締役会の承認を受ける必要はない。

□□□ **問題 5** ★★★
取締役会設置会社であるＡ社の取締役Ｘは，Ａ社所有の甲土地（時価2000万円相当）を1500万円でＡ社から購入することを考えている。この場合，Ｘは，本件甲土地の取引についてＡ社の取締役会の承認を得る必要はないが，本件甲土地の取引をした後，遅滞なくその取引についての重要な事実をＡ社の取締役会に報告する必要がある。

□□□ **問題 6** ★
取締役会の承認決議を得て，取締役会設置会社の取締役が自己のために会社との間で利益相反取引を行い，会社に損害が生じた場合，会社法上，当該取締役が会社に対し損害賠償責任を負うことはある。この場合，当該取引に関する取締役会の承認決議に賛成した取締役や会社が当該取引をすることを決定した取締役が会社に対して損害賠償責任を負うことはない。

解答２ ×

競業取引により会社に損害が生じた場合，会社の承認の有無にかかわらず，取締役に任務懈怠があれば，取締役は，会社に対して，損害賠償責任を負う（会社法423条１項）。

解答３ ×

後段の記述は正しい。しかし，取締役会の承認を得ずに取締役が行った競業取引であっても，取引自体は有効である。

解答４ ×

利益相反取引（間接取引）に該当する。利益相反取引についても競業取引と同様に取締役会の承認，取締役会への事後報告が必要である（会社法356条１項３号，365条）。

解答５ ×

Ａ社の取締役であるＸが，Ａ社所有の甲土地（時価2000万円相当）を1500万円でＡ社から購入する取引は利益相反取引（直接取引）に該当する。この場合，取締役会設置会社では，「取締役会の承認を受けること」および「取引後，遅滞なく取締役会に報告すること」の双方とも必要である（会社法356条１項２号，365条）。

解答６ ×

設問前段は正しい。しかし，取締役会の承認決議を得ていても，当該利益相反取引に関する取締役会の承認決議に賛成した取締役や会社が当該取引をすることを決定した取締役は任務を怠ったものと推定され，過失がなかったことを立証しない限り，会社に対して，連帯して損害賠償責任を負う（会社法423条１項・３項，356条１項２号）。

3 取締役の責任

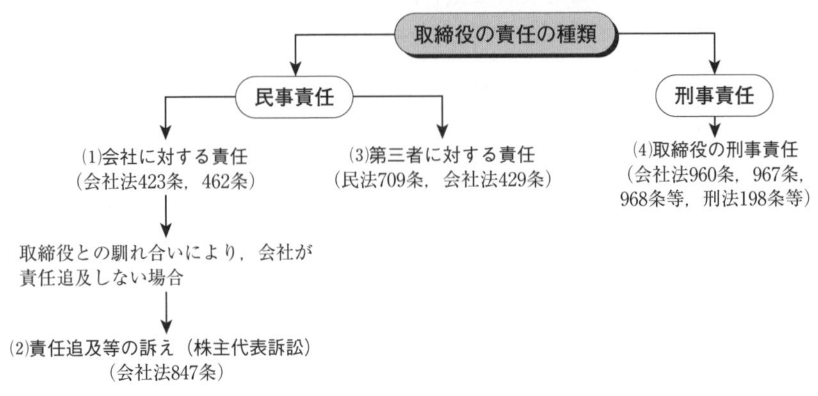

□□□ **問題 1**
★★★
重要!

取締役が，任務懈怠により会社に損害を生じさせた場合，当該取締役は会社に対し損害賠償責任を負うが，この取締役の会社に対する責任は，過失責任であり，また，総株主の同意があれば免除される。

□□□ **問題 2**
★

取締役会設置会社においては，取締役が職務を行うにつき善意でかつ重大な過失がないときに限り，株主総会の特別決議をもって，一定額を限度として当該取締役の会社に対する任務懈怠責任を免除することができる。

□□□ **問題 3**
★★★

監査役会設置会社である甲株式会社は，Aを社外取締役として選任することとしたが，社外取締役も取締役であるから，会社法上，Aの甲社に対する損害賠償責任を甲社の他の取締役よりも軽減することは認められない。

□□□ **問題 4**
★★

責任追及等の訴えを要求する権利は少数株主権である。

解答 1 ○

取締役の会社に対する責任は，過失責任であり，総株主の同意があれば免除される（会社法423条，424条）。ここにいう同意は株主総会における決議までは必要とされない。また，「総株主」の同意であることから，総株主のうちには議決権制限株主も含まれる。

解答 2 ○

取締役が善意かつ無重過失であれば，株主総会の特別決議で取締役の負う損害賠償額の一定額を免除できる（会社法423条１項，425条，309条２項８号）。

解答 3 ×

会社は，社外取締役など非業務執行取締役等の任務懈怠責任について，非業務執行取締役等が職務を行うにつき善意・無重過失であった場合は，定款で定めた額の範囲内で，損害賠償額を一定限度に軽減する責任限定契約を非業務執行取締役等と締結できる（会社法427条）。

解答 4 ×

責任追及等の訴えを要求する権利は，単独株主権である（会社法847条）。

□□□ 問題 5 ★★★ 重要!

株式会社の取締役がその職務を行うについて重大な過失があったことにより当該株式会社の債権者に損害が生じたとしても，会社法上，取締役は，会社に対して損害賠償責任を負うにすぎないから，当該取締役が会社債権者に対して損害賠償責任を負うことはない。

テーマ6 取締役会

□□□ 問題 1 ★★★ 重要!

会社法上，指名委員会等設置会社や監査等委員会設置会社ではない取締役会設置会社では，重要な財産の処分および譲受け，多額の借財，支配人の選任・解任，支店の設置，内部統制システムの構築などの決定は取締役会の権限とされているが，定款で定めれば，代表取締役に委任することができる。

□□□ 問題 2 ★★

会社法上，取締役会を招集するには，招集権者である取締役が各取締役および各監査役に対して，招集通知を発しなければならず，招集通知を省略することは一切認められない。

□□□ 問題 3 ★★ 重要!

取締役会の決議要件は，原則として，議決に加わることができる取締役の過半数が出席し，その過半数をもって行うことであるが，定款で定めれば，決議要件を軽減することができる。

□□□ 問題 4 ★★

取締役会の議事については，書面または電磁的記録によって議事録を作成する必要があり，当該取締役会に出席した取締役および監査役は，その議事録に署名もしくは記名押印または電子署名をしなければならない。

□□□ 問題 5 ★★

取締役会設置会社であるX株式会社の取締役会決議に参加した取締役Aが，そこで決議された議案に反対した場合でも，取締役会議事録に異議をとどめていなければ，当該決議に賛成したものと推定される。

解答 5 ×

取締役がその職務を執行するについて，悪意または重大な過失によって第三者に損害を与えた場合には，当該取締役は当該第三者に対して損害賠償しなければならない（会社法429条）。

解答 1 ×

「重要な財産の処分および譲受け」，「多額の借財」，「支配人の選任・解任」，「支店の設置」，「内部統制システムの構築」などは重要な業務執行にあたり，取締役にその決定を委任することはできない（会社法362条4項）。

解答 2 ×

取締役（監査役設置会社においては取締役及び監査役）全員の同意があるときは，招集手続を省略することができる（会社法368条2項）。

解答 3 ×

取締役会の決議は，原則として，議決に加わることができる取締役の過半数が出席し，その過半数をもって行うこととされているが，この決議要件は，定款の定めにより，加重することができる（会社法369条1項括弧書）。しかし，軽減することはできない。

解答 4 ○

記述のとおりである（会社法369条3項・4項）。

解答 5 ○

記述のとおりである（会社法369条5項）。

テーマ7 代表取締役

□□□ 問題1 ★★

取締役会設置会社では，代表取締役は，取締役会決議により取締役の中から選定される。これに対して，取締役会設置会社でない株式会社では，代表取締役は，定款，定款の定めに基づく取締役の互選または株主総会の決議によって選定することができる。

□□□ 問題2 ★★

甲株式会社では，代表取締役として，ＡとＢの２人が選定されていたが，取締役会決議により，ＡおよびＢは共同して代表権を行使しなければならない旨が定められていた。ところが，当該取締役会決議に違反して，Ｂは単独で甲社を代表して個人事業主であるＣと契約を締結した。この場合，Ｃが当該取締役会決議によるＢの代表権の制限を知っていたか否かにかかわらず，甲社は，Ｂの代表権が取締役会決議により制限されていることをＣに対抗することはできない。

□□□ 問題3 ★

Ａ株式会社には代表取締役社長であるＸのほか，複数の取締役がいる。このうちＹ取締役には「副社長」という肩書がついているが代表権は与えられていない。この場合，取締役の代表権の有無は商業登記により確認できる事項であるから，Ａ社は，Ｙが代表権を有すると誤信した第三者に対してその責任を負うことはない。

テーマ8 会計参与

□□□ 問題1 ★★

会計参与は，取締役と共同して，計算書類およびその附属明細書等を作成することをその職務とする会社の役員である。取締役会設置会社でなければ，会計参与を，設置することができない。

解答１　○

取締役会設置会社では取締役会が，取締役の中から代表取締役を選定する（会社法362条２項３号・３項）。また，取締役会設置会社でない株式会社においては，定款，定款の定めに基づく取締役の互選又は株主総会の決議により，選定することができる（会社法349条３項）。

解答２　×

代表取締役は包括的な代表権を有する（会社法349条４項）。株式会社は，代表取締役の包括的な代表権を定款・取締役会規則・取締役会決議等により制限することができるが，この制限は善意の第三者に対抗できない（会社法349条５項）。よって，Ｃが当該取締役会決議によるＢの代表権の制限を「知っていたか否かにかかわらず」という点が誤っている。

解答３　×

表見代表取締役と認められる場合には，当該取締役がなした行為の効果が会社に帰属することはあり得る（会社法354条）。

解答１　×

会計参与は，会社の規模，他の機関や株式譲渡制限の有無にかかわらず，すべての株式会社において任意に設置することができる。

□□□ **問題 2**
★★

会計参与は，会計参与設置会社の会計帳簿等の閲覧および謄写をすることはできないが，執行役および取締役等に対して会計に関する報告を求めることができる。また，会計参与は，会計参与設置会社の取締役等に対する報告聴取権や会社の業務財産状況調査権を有するが，その職務を行うため必要があるときであっても，当該会計参与設置会社の子会社に対して会計に関する報告を求めたり，または当該子会社の業務および財産の状況の調査をすることはできない。

テーマ9 監査役

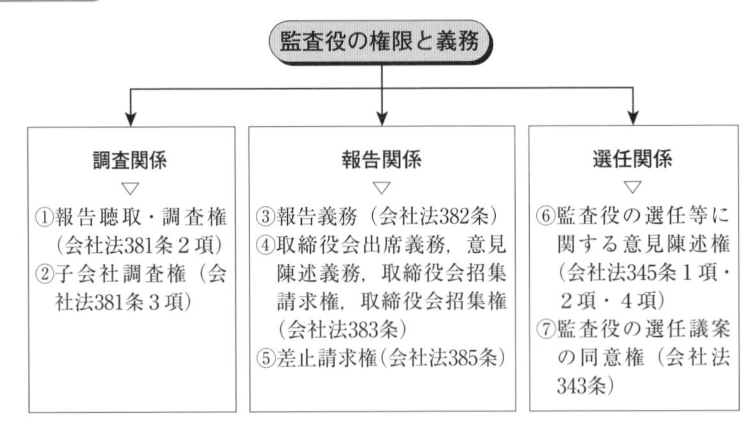

会計参与は，いつでも，会計帳簿またはこれに関する資料を閲覧および謄写することができる（会社法374条２項前段）。また，会計参与は子会社調査権も有する（会社法374条３項）。以上の２点が誤っている。

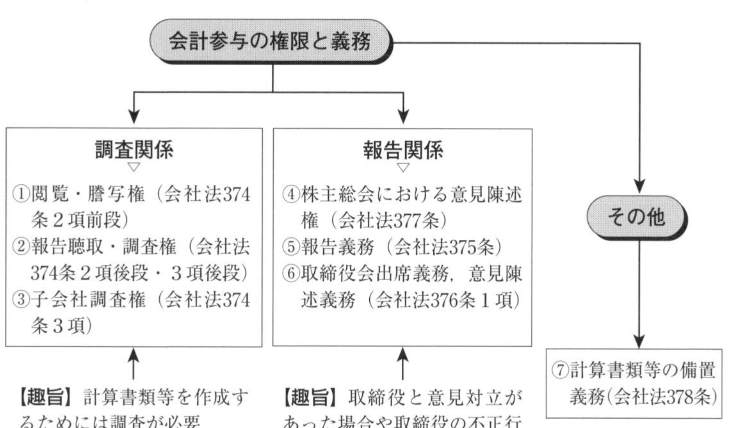

□□□ **問題 1** ★

会計参与は，公認会計士もしくは監査法人または税理士もしくは税理士法人でなければならない。また，会計監査人は，公認会計士または監査法人でなければならない。さらに，監査役も，公認会計士または監査法人でなければならない。

□□□ **問題 2** ★★

親会社の監査役は当該会社の取締役や従業員との兼任を禁止されるが，子会社の取締役や従業員を兼任することは禁止されていない。

□□□ **問題 3** ★★

X株式会社において，監査役としてAが選任されている場合，X社が公開会社であるか否かにかかわらず，一定の要件の下で，X社は，Aの監査の範囲を会計に関するもの（会計監査）に限定する旨を定款で定めることができる。

□□□ **問題 4** ★★

会社法上，監査役には，いつでも取締役・使用人を問わず事業の報告を求めることや，会社の業務・財産の状況を調査する権限までは与えられていない。

□□□ **問題 5** ★★★ 重要!

親会社と子会社は別法人である以上，いかなる場合も，親会社の監査役が子会社に対して調査することはできないし，事業の報告を求めることもできない。

□□□ **問題 6** ★★ 重要!

監査役は，取締役ではないので，取締役会に出席し，意見を述べることはできない。

解答1 ×

会計参与，会計監査人については正しい。しかし，公認会計士・監査法人でなくとも監査役に就任することができる。

解答2 ×

監査役は，子会社の取締役や従業員を兼任することも禁止されている（会社法335条2項)。

解答3 ×

会計限定監査役を設置することができるのは，非公開会社であることが前提である。したがって，公開会社の場合，会計限定監査役を設置することはできない。

解答4 ×

監査役は事業の報告を求めることもできるし，会社の業務・財産の状況を調査することもできる（会社法381条2項)。

解答5 ×

監査役は子会社調査権を有する（会社法381条3項)。

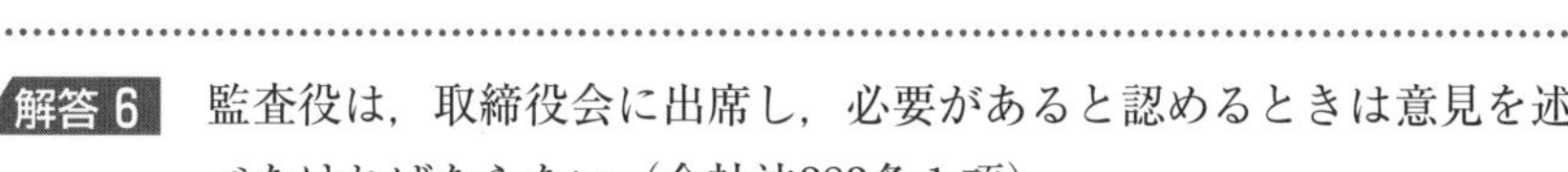

解答6 ×

監査役は，取締役会に出席し，必要があると認めるときは意見を述べなければならない（会社法383条1項)。

□□□ 問題 7
★★★

A株式会社の監査役Xは，A社の取締役YがA社の目的の範囲外の行為その他法令もしくは定款に違反する行為をしている場合において，常にYに対し，その行為をやめることを請求することができる。

テーマ10 監査役会・会計監査人

□□□ 問題 1
★★

監査役会設置会社においては，監査役は，3人以上で，その半数以上は社外監査役でなければならない。

□□□ 問題 2
★★

監査役会設置会社では，取締役が監査役の選任に関する議案を株主総会に提出する場合，監査役会の同意を得なければならない。

□□□ 問題 3
★★

監査役会設置会社は，必ず社外取締役を設置しなければならない。

解答7

監査役は，取締役が会社の目的の範囲外の行為その他法令もしくは定款に違反する行為をし，またはこれらの行為をするおそれがある場合において，当該行為によって会社に著しい損害を生ずるおそれがあるときは，当該取締役に対し，当該行為をやめることを請求することができる（会社法385条）。取締役の法令・定款違反行為があれば，常に，差止請求ができるわけではない。

解答1

○

監査役会設置会社においては，監査役は，３人以上で，そのうち半数以上は，社外監査役でなければならない（会社法335条３項）。過半数ではなく，「半数以上」である点に注意する必要がある。

解答2

記述のとおりである（会社法343条１項・３項）。

解答3

✕

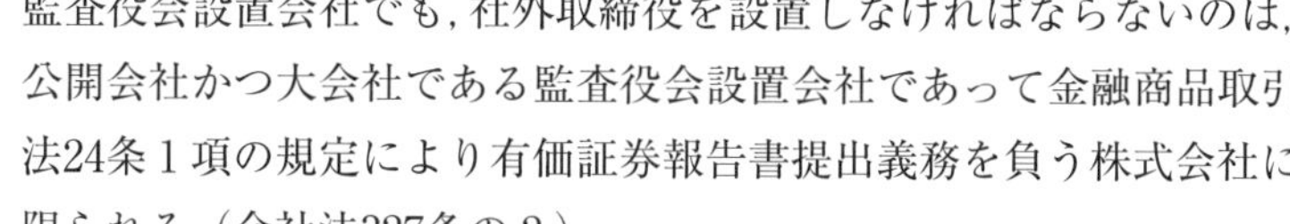

監査役会設置会社でも，社外取締役を設置しなければならないのは，公開会社かつ大会社である監査役会設置会社であって金融商品取引法24条１項の規定により有価証券報告書提出義務を負う株式会社に限られる（会社法327条の２）。

□□□ 問題 4
★★★
重要!

会計監査人を設置することができるのは会社法上の大会社に限られるので，指名委員会等設置会社においては，会計監査人を設置することはできない。

□□□ 問題 5
★

監査役設置会社の会計監査人は，当該会社の計算書類等が法令または定款に適合するかどうかについて，監査役と異なる意見を有するときであっても，当該会社の定時株主総会に出席して意見を述べることまでは認められていない。

解答４

大会社だけでなく，監査等委員会設置会社，指名委員会等設置会社においても，会計監査人の設置義務がある（会社法327条５項）。また，これら以外の株式会社も会計監査人を任意に置くことができる（会社法326条２項）。

《試験に出る監査役と会計監査人の比較》

	監査役	会計監査人
資格	公認会計士 or 監査法人に限られない	公認会計士 or 監査法人に限られる
選任	株主総会の普通決議	株主総会の普通決議
解任	株式総会の特別決議	株主総会の普通決議
監査の範囲	原則として，業務監査＆会計監査	会計監査のみ

解答５

会計監査人は，計算書類等が法令または定款に適合するかどうかについて，監査役，監査役会，監査委員会またはその委員，監査等委員会またはその委員と意見を異にするときは，定時株主総会に出席して意見を述べることができる（会社法398条）。

テーマ11 指名委員会等設置会社

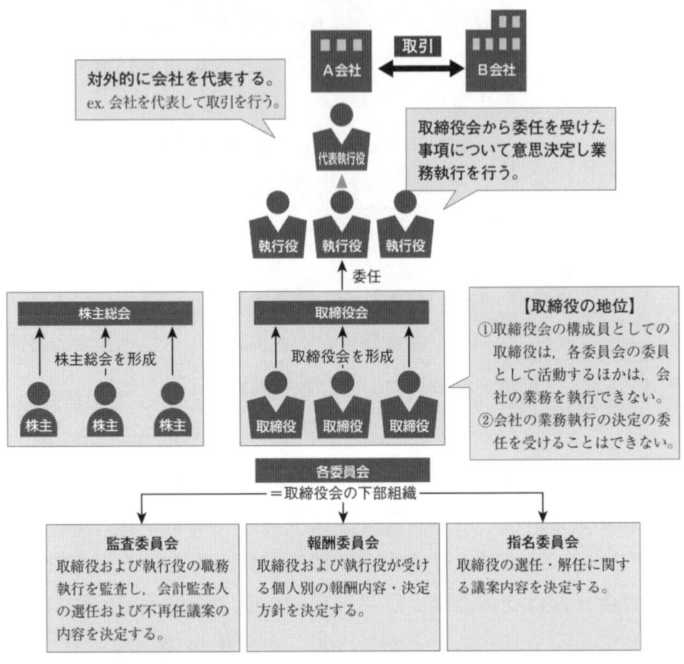

1 取締役・取締役会

□□□ **問題 1** ★★★

指名委員会等設置会社においては，業務を執行する機関は執行役であり，取締役も監査役も設置することはできない。

□□□ **問題 2** ★

指名委員会等設置会社以外の会社と同様に，指名委員会等設置会社にも，代表取締役を設置できる。

解答 1

指名委員会等設置会社においても株主総会と取締役は設置しなければならない。株主総会と取締役はすべての株式会社における必置機関である。なお，指名委員会等設置会社では，取締役会の設置は必須であるが，監査役を設置することはできない（会社法327条1項4号，4項）。

解答 2

指名委員会等設置会社では，代表取締役は存在しない。指名委員会等設置会社の代表者は代表執行役である（会社法420条3項）。

□□□ 問題 3
★★
重要!

指名委員会等設置会社における取締役会は，会社の業務執行のすべてを決定する権限を有し，業務執行の決定を執行役に委任することは一切できない。

□□□ 問題 4
★

会社法上，大会社や監査等委員会設置会社の取締役会は当該株式会社および子会社から成る企業集団の業務の適正を確保するために必要なものとして法務省令で定める体制(いわゆる内部統制システム)の整備について決定しなければならず，この決定を取締役に委任することはできない。しかし，指名委員会等設置会社においては，取締役会ではなく，監査委員会が，いわゆる内部統制システム構築の基本方針を決定する義務を負っている。

2 各委員会

□□□ 問題 1
★★★
重要!

指名委員会等設置会社においては，指名委員会，監査委員会，報酬委員会を一括設置しなければならず，各委員会を構成する委員は，取締役の中から取締役会決議によって選定され，かつ３人以上の取締役で構成される各委員会の委員の過半数は社外取締役でなければならない。

□□□ 問題 2
★★★
重要!

指名委員会等設置会社においては，取締役の選任および解任を行うのは指名委員会であり，取締役，会計参与，執行役および従業員の報酬の内容を決定するのは報酬委員会であるが，報酬委員会は，執行役の報酬の内容を決定するにあたって，執行役全員の報酬の総額を定めることができるにすぎず，個々の執行役の報酬の内容を決定することはできない。

解答３　×

指名委員会等設置会社の取締役会は，当該指名委員会等設置会社の業務執行について，会社法所定の事項については自ら決定しなければならないが，それ以外の事項の決定を執行役に委任することができる（会社法416条４項）。

解答４　×

指名委員会等設置会社の取締役会は，いわゆる内部統制システムの整備について決定しなければならず，この決定を執行役に委任することもできないから（会社法416条１項１号ホ・２項・３項），設問後段が誤っている。

なお，設問前段は正しい（会社法362条４項６号・５項，399条の13第１項１号ハ・２項）。

解答１

記述のとおりである（会社法２条12号，400条２項・３項）。

※　このように指名委員会等設置会社では少なくとも２人以上の社外取締役が必要である。また，監査等委員会設置会社でも，監査等委員は取締役でなければならず（会社法399条の２第２項），監査等委員である取締役は，３人以上で，その過半数は，社外取締役でなければならないから（会社法331条６項），同様に少なくとも２人以上の社外取締役が必要である。

解答２　×

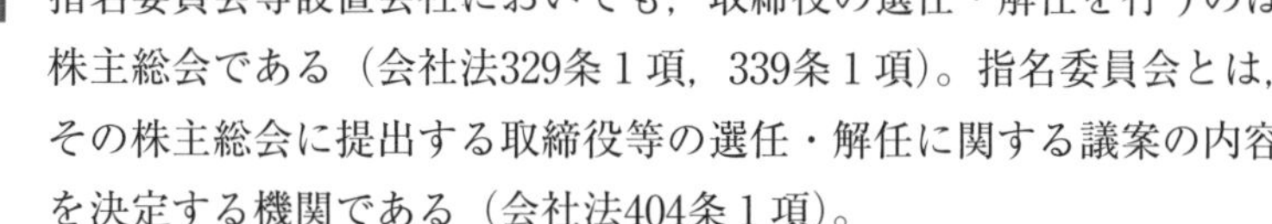

指名委員会等設置会社においても，取締役の選任・解任を行うのは株主総会である（会社法329条１項，339条１項）。指名委員会とは，その株主総会に提出する取締役等の選任・解任に関する議案の内容を決定する機関である（会社法404条１項）。

また，報酬委員会とは，執行役，取締役，会計参与が受ける「個人別」の報酬等の内容の決定に関する方針を定め，その方針により，「個人別」の報酬の内容を決定する権限を有する機関である（会社法404条３項）。なお，報酬委員会に従業員の報酬を決定する権限はない。

□□□ **問題 3**
★★

監査委員会を構成する監査委員は，執行役等が定款や法令に違反する行為をしていると認めたときは，遅滞なくその旨を取締役会に報告しなければならないし，執行役または取締役が会社の目的の範囲外の行為その他法令もしくは定款に違反する行為をし，当該行為によって会社に著しい損害が生ずるおそれがあるときは，当該執行役または取締役に対し，当該行為をやめることを請求することができる。

3 執行役

□□□ **問題 1**
★

取締役は，原則として指名委員会等設置会社の業務を執行することができないが，執行役を兼任することができるため，執行役を兼任する取締役は，執行役として業務を執行することができる。

テーマ12 監査等委員会設置会社

□□□ **問題 1**
★★

監査等委員会設置会社においては，監査等委員である取締役は，当該監査等委員会設置会社の業務執行取締役を兼任することはできないが，当該監査等委員会設置会社の従業員を兼ねることはできる。

□□□ **問題 2**
★★

監査等委員会設置会社においては，取締役などの職務執行を監査する機関は監査等委員会であり，監査役も会計監査人も設置してはならない。

解答 3 記述のとおりである（会社法406条，407条）。

解答 1 記述のとおりである（会社法415条，402条６項，418条）。

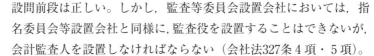

解答 1 監査等委員である取締役は，監査等委員会設置会社もしくはその子会社の業務執行取締役もしくは支配人その他の使用人または当該子会社の会計参与もしくは執行役を兼ねることはできない（会社法331条３項）。したがって，監査等委員である取締役は，当該監査等委員会設置会社の業務執行取締役を兼ねることができないだけでなく，当該監査等委員会設置会社の従業員を兼ねることもできない。

解答 2 設問前段は正しい。しかし，監査等委員会設置会社においては，指名委員会等設置会社と同様に，監査役を設置することはできないが，会計監査人を設置しなければならない（会社法327条４項・５項）。

第２節　株式会社の運営

テーマ１　剰余金の配当

□□□ 問題１ ★★

会社法上，株式会社における剰余金の配当は，１事業年度に１回に限られるわけではなく，株式会社は，原則として株主総会の特別決議によりいつでも剰余金の配当を行うことができる。

□□□ 問題２ ★★

剰余金の配当は，会社法上，所定の分配可能額の範囲内で行わなければならない。また，純資産額が300万円を下回る場合，会社は，分配可能な剰余金があったとしても配当ができない。

テーマ２　違法配当

□□□ 問題１ ★★

会社法上，違法配当により金銭等の交付を受けた株主は，株式会社に対し，交付を受けた金銭等の帳簿価額に相当する金銭を支払う義務を負う。また，この場合，当該株式会社の債権者は，当該株主の善意・悪意を問わず，当該株主に対し，当該債権者が当該株式会社に対して有する債権額を上限として，当該株主が交付を受けた金銭等の帳簿価額に相当する金銭を自己に支払わせることができる。

□□□ 問題２ ★★★ 重要！

違法配当を実施した取締役等の業務執行者や株主総会・取締役会における議案提案取締役は，その職務を行うについて注意を怠らなかったことを証明したとしても，会社に対する損害賠償責任を免れることはできない。

□□□ 問題３ ★★

違法配当を実施した取締役等の業務執行者は，一定の限度内であれば，総株主の同意を得ることによって，会社に対する金銭支払義務を免れることができる。

解答 1 設問前段は正しいが，後段が誤っている。

株式会社は，原則として株主総会の普通決議によりいつでも剰余金の配当を行うことができる（会社法453条，454条）。

例外的に株主総会の特別決議が必要とされるのは，配当財産が金銭以外の財産である場合（現物配当）において，株主に対して金銭分配請求権を与えない場合である（会社法454条４項，309条２項10号）。

解答 2 記述のとおりである（会社法461条１項柱書８号，458条）。

解答 1 記述のとおりである（会社法462条１項，463条２項）。

解答 2 業務執行者や株主総会，取締役会における議案提案取締役の責任は，立証責任の転換された過失責任である（会社法462条２項）。

解答 3 総株主の同意があれば，行為時における分配可能額を限度として，その義務を免除できる（会社法462条３項）。

○

□□□ **問題 4** ★★ 重要!

A株式会社は，同社の株主に対して違法配当を行った。配当を受け取ったA社の株主が，違法配当額を弁済した取締役から求償されることはない。

テーマ3 企業結合

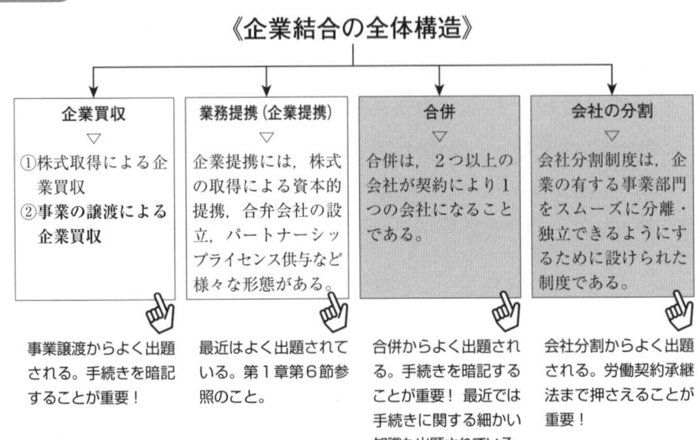

《企業結合の全体構造》
企業買収
①株式取得による企業買収
②事業の譲渡による企業買収
業務提携（企業提携）
企業提携には，株式の取得による資本的提携，合弁会社の設立，パートナーシップライセンス供与など様々な形態がある。
合併
合併は，2つ以上の会社が契約により1つの会社になることである。
会社の分割
会社分割制度は，企業の有する事業部門をスムーズに分離・独立できるようにするために設けられた制度である。
事業譲渡からよく出題される。手続きを暗記することが重要！
最近はよく出題されている。第1章第6節参照のこと。
合併からよく出題される。手続きを暗記することが重要！ 最近では手続きに関する細かい知識も出題されている。
会社分割からよく出題される。労働契約承継法まで押さえることが重要！

1 事業の譲渡・譲受け

□□□ **問題 1** ★★

A株式会社がB株式会社の事業の全部を譲り受ける場合，原則として，A社およびB社はともに，株主総会の特別決議による承認を得なければならない。ただし，譲り受ける事業の対価として交付する財産の帳簿価額が譲受会社であるA社の純資産額の5分の1を超えない場合は，A社は，株主総会による承認を得る必要はない。

□□□ **問題 2** ★★

A株式会社がB株式会社の事業の重要な一部を譲り受ける場合，原則として，A社およびB社はともに，株主総会の特別決議による承認を得なければならない。

解答 4

×

取締役は，善意の株主には求償できないが，悪意の株主に対して求償権を持つ（会社法463条１項）。

解答 1

事業の全部の譲渡の場合，原則として，譲渡会社・譲受会社双方とも株主総会の特別決議による承認が必要である（会社法467条１項１号・３号，309条２項11号）。しかし，譲り受ける事業の対価として交付する財産の帳簿価額が譲受会社の純資産額の５分の１（定款で引下げ可能）を超えない場合は，簡易な事業の譲受けとして株主総会の承認は不要である（会社法467条１項３号，468条２項）。

解答 2

事業の重要な一部を譲渡する場合，譲渡会社の株主総会の特別決議が必要だが（会社法467条１項２号，309条２項11号），譲受会社の株主総会の特別決議は不要である。

□□□ **問題 3** ★★

A株式会社がB株式会社の事業の全部を譲り受けることとした。B社がA社の特別支配会社である場合には，A社は，株主総会の特別決議による承認を得る必要はない。

□□□ **問題 4** ★★

事業を譲渡しようとする株式会社は，原則として，株主総会における特別決議による承認が必要である。事業の重要な一部が譲渡される場合であっても，事業を譲渡しようとする株式会社は，譲り渡す資産の帳簿価額の多寡にかかわらず，株主総会における特別決議を省略することはできない。

□□□ **問題 5** ★★ 重要!

事業譲渡が行われた場合，譲渡会社の債務は譲受会社に当然に引き継がれるのが原則である。

□□□ **問題 6** ★★

A株式会社は，B株式会社の事業を譲り受けた場合，譲渡される事業に従事していたB社の従業員の雇用関係は，当然にA社に引き継がれる。

解答3 ○

事業譲渡等契約の相手方が，当該事業譲渡をする会社の特別支配会社である場合，当該会社（被支配会社）における株主総会の承認は不要である（会社法468条１項）。

※　特別支配会社とは，ある株式会社の総株主の議決権の10分の９（これを上回る割合を定款で定めた場合にあっては，その割合）以上を他の会社及び当該他の会社が発行済株式の全部を有する株式会社等が有している場合における当該他の会社をいう。

解答4 ×

譲渡する資産の帳簿価額が譲渡会社の総資産額の５分の１（定款で引下げ可能）を超えない場合は，簡易な事業の譲渡として株主総会の承認は不要である（会社法467条１項２号括弧書）。

解答5 ×

事業の譲渡が行われても，譲渡会社の債務は，譲受会社に当然には移転しない。移転させるには債務引受等を行うことが必要である。

原則	例外
▽ 譲渡会社が負っていた対外的債務は当然には譲受会社に移転しない。 移転させるには債務引受等を行うことが必要である。	▽ ①譲受会社が譲渡会社の商号を続用する場合 →譲渡された事業によって譲渡会社が負担していた債務につき譲受会社も弁済の責任を負う（会社法22条１項）。 ②譲受会社が譲渡会社の商号を続用しない場合 →譲受会社が債務引受広告をなしたときは弁済の責任を負う（会社法23条１項）。

解答6

事業の譲渡が行われても，従業員との雇用関係は当然には移転しない。移転させるには従業員の承諾が必要である。

□□□ **問題 7** ★★

事業譲渡がされた場合，譲渡会社は競業避止義務を負わない。

2 合 併

□□□ **問題 1** ★★

株式会社間や合同会社間のように，同種の会社間では合併をすることができるが，合同会社と株式会社のように異なる種類の会社間では，合併をすることはできない。

□□□ **問題 2** ★★

A株式会社がB株式会社を吸収合併する場合，A社もB社も，会社法所定の期間，吸収合併契約の内容その他法務省令所定の事項を記載・記録した書面・電磁的記録を本店に備え置かなければならず，B社の株主および債権者は消滅会社であるB社に，A社の株主および債権者は存続会社であるA社に対して，これらの書面・電磁的記録の閲覧，謄本・抄本の交付等を請求することができる。

□□□ **問題 3** ★★ 重要!

A社がB社を吸収合併する場合，A社は，B社の株主に対し合併の対価として金銭を交付することができる。

□□□ **問題 4** ★★

吸収合併の場合，存続会社が株式会社の場合には，当該株式会社においては常に株主総会の特別決議による承認が必要である。

解答７ ×

事業譲渡がされた場合，譲渡会社はその譲渡の限度に応じて競業避止義務を負う。

解答１ ×

合併は通常株式会社間で行うが，種類の異なる会社間の合併（例えば，株式会社と合同会社の合併）も認められている。

解答２ ○

株式会社においては，法定の期間，合併契約の内容その他法務省令所定の事項を記載・記録した書面・電磁的記録を本店に備え置かなければならず，株主および債権者は，消滅会社等に対して，これらの書面・電磁的記録の閲覧，謄本・抄本の交付等を請求することができる（会社法782条，794条）。

解答３ ○

吸収合併の対価については，存続会社等の株式に限らず，金銭，存続会社の親会社の株式・持分等を合併の対価とすることも認められている（会社法749条１項２号）。

解答４ ×

簡易合併等の例外が認められている。ここに簡易合併とは，吸収合併消滅会社の株主・社員に対して交付する対価（存続株式会社の株式・社債・新株予約権・新株予約権付社債，金銭等）の価額の合計額が，存続株式会社の純資産額の５分の１を超えない場合は，原則として，存続株式会社の株主総会の承認を要しないとする制度である（会社法796条２項）。

□□□ **問題 5** ★★

合併を行うためには，株主総会の特別決議による承認または総社員の同意が必要である。しかし，たとえば，吸収合併存続株式会社が，吸収合併消滅株式会社の総株主の議決権の90％以上を有している特別支配会社であるときは，原則として吸収合併消滅株式会社での株主総会決議による吸収合併契約の承認は不要である。

□□□ **問題 6** ★★★ 重要！

吸収合併等における消滅会社および存続会社の反対株主は，原則として，各々の会社に対して，自己の株式を公正な価格で買い取るように請求することはできない。

□□□ **問題 7** ★★★ 重要！

吸収合併消滅会社，吸収合併存続会社および新設合併消滅会社の債権者は，合併に利害関係を有するので，会社法上，合併につき，会社債権者に異議申立ての機会を与え，これを保護する手続が設けられている。

3 親子会社

(1) 親子会社の規制

□□□ **問題 1** ★★

会社法上，子会社がその親会社の株式を取得することは禁止されていない。

□□□ **問題 2** ★★

子会社所有の親会社株式の議決権行使は制限されないが，親会社所有の子会社株式の議決権行使は制限されている。

□□□ **問題 3** ★★★ 重要！

会社法上，親会社の監査役は，その職務を行うため必要があるときは，子会社に対して事業の報告を求め，またはその子会社の業務および財産の状況の調査をすることができる。

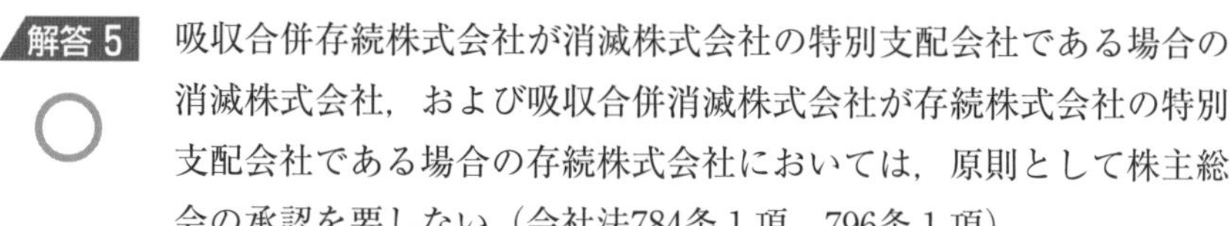

解答5 ○

吸収合併存続株式会社が消滅株式会社の特別支配会社である場合の消滅株式会社，および吸収合併消滅株式会社が存続株式会社の特別支配会社である場合の存続株式会社においては，原則として株主総会の承認を要しない（会社法784条1項，796条1項）。

解答6 ×

吸収合併等における消滅会社および存続会社の反対株主は，原則として，各々の会社に対して，自己の株式を公正な価格で買い取るように請求できる（会社法785条，797条）。

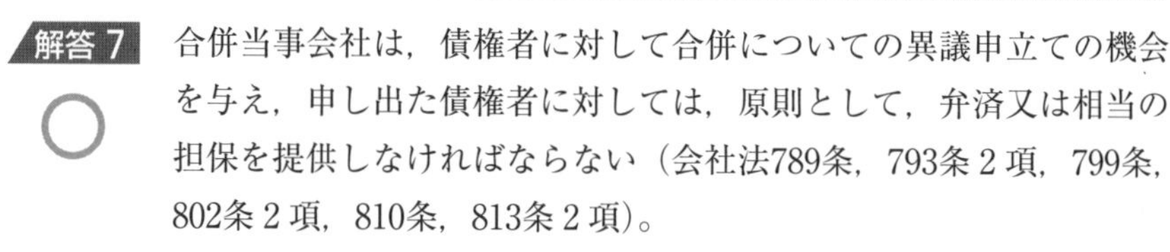

解答7 ○

合併当事会社は，債権者に対して合併についての異議申立ての機会を与え，申し出た債権者に対しては，原則として，弁済又は相当の担保を提供しなければならない（会社法789条，793条2項，799条，802条2項，810条，813条2項）。

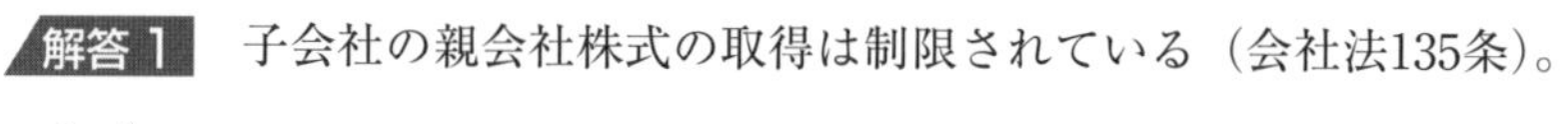

解答1 ×

子会社の親会社株式の取得は制限されている（会社法135条）。

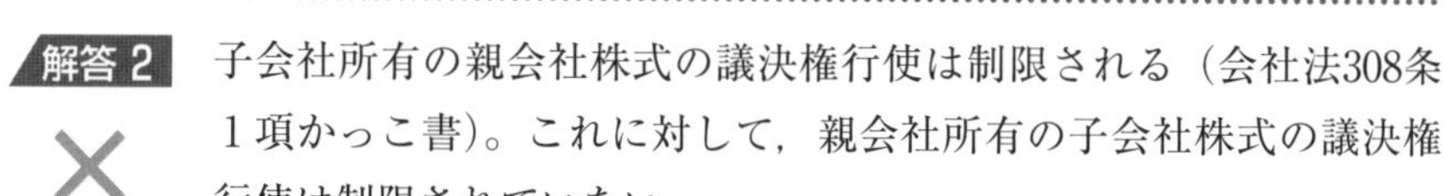

解答2 ×

子会社所有の親会社株式の議決権行使は制限される（会社法308条1項かっこ書）。これに対して，親会社所有の子会社株式の議決権行使は制限されていない。

解答3 ○

記述のとおりである（会社法381条3項）。

□□□ **問題4** ★

A社（親会社）とB社（子会社）は完全親子会社である。A社の監査役は，B社の取締役を兼ねることができる。

(2) 株式交換・株式移転

□□□ **問題1** ★★

株式交換とは，株式会社がその発行済株式の全部を他の株式会社または合同会社に取得させることをいうが，株式交換を行う両当事会社は，原則として，株式交換契約につき，株主総会の特別決議による承認を受けなければならない。

□□□ **問題2** ★★

株式移転とは，既存の株式会社が自らは完全子会社となって，株式の移転のみによってその完全親株式会社を設立する制度である。株式移転により，完全子会社となる会社の株式に代えてその完全子会社となる会社の株主に交付される対価は，完全親株式会社となる会社の株式に限られるわけではなく，完全親株式会社となる会社の社債や新株予約権でもよい。

(3) 株式交付

□□□ **問題1** ★★

株式会社が株式交付を行うためには，株式交付計画につき，原則として株式交付親会社および株式交付子会社の株主総会の特別決議による承認が必要であり，原則として反対株主は株式買取請求権を有する。

解答 4 ×

親会社の監査役は子会社の取締役を兼ねることはできない（会社法335条２項）。

解答 1 ○

記述のとおりである（会社法２条31号，783条，795条，309条２項12号）。

解答 2

記述のとおりである（会社法２条32号，773条１項７号）。

解答 1

株式交付制度とは，株式会社が他の株式会社をその子会社とするために当該他の株式会社の株式を譲り受け，当該株式会社の譲渡人に対して当該株式の対価として当該株式会社の株式を交付するという制度である（会社法２条32の２号）。そして，株式交付の手続として，株式交換や株式移転と同様に，原則として株式交付親会社の株主総会の特別決議が必要であるが（会社法816条の３第１項，309条２項12号），株式交付の当事者でない株式交付子会社の株主総会の特別決議は不要である。

なお，原則として株式交付親会社の反対株主は株式買取請求権を有するという点は正しい（会社法816条の６）。

4 会社分割

□□□ **問題 1**
★★

会社分割において，株式会社と合同会社は分割会社となることができるが，合同会社は，承継会社となることはできない。

□□□ **問題 2**
★

A株式会社はB社の事業部門を吸収分割により承継しようとしている。A社が，吸収分割における対価としてB社に交付することができるのは，会社法上，A社の株式に限られ，金銭や社債を対価とすることは認められない。

□□□ **問題 3**
★★

会社法上，会社分割に反対する株主を保護する制度は設けられていない。

□□□ **問題 4**
★

吸収分割承継会社となる株式会社が吸収分割会社に対して交付する対価の価額の合計額の多寡にかかわらず，吸収分割承継会社において株主総会の特別決議による吸収分割契約の承認を受ける必要がある。

解答 1 ×

会社分割をすることができる（分割会社となり得る）のは株式会社または合同会社のみであるが，承継会社または設立会社については特に制限はない（会社法２条29号・30号）。

解答 2 ×

吸収分割の場合，金銭や社債を対価として交付することも認められている（会社法758条４号）。

解答 3 ×

会社分割に反対する株主には，株式買取請求権が認められている（会社法785条，797条）。

解答 4 ×

吸収分割会社に対して交付する対価（吸収分割承継会社の株式・社債・新株予約権・新株予約権付社債，金銭等）の価額の合計額が，吸収分割承継株式会社の純資産額の５分の１を超えない場合，原則として，吸収分割承継株式会社での株主総会の承認を要しない（会社法796条２項）。

問題 5　X社の甲部門を吸収分割の方法によってX社からY社へ移転することになった。Aは，X社の従業員で甲部門に所属する者であり，Bは，X社の従業員であり，乙部門に所属する者である。

□□□ ★★ ア．この吸収分割に伴い，Aについては，労働関係をX社からY社に承継させることができるが，Bについては許されない。

□□□ ★ イ．X社は，Aの所属する労働組合との間で労働協約を締結している場合であっても，A本人に対していわゆる労働契約承継法（会社分割に伴う労働契約の承継に関する法律）に基づき一定の事項を通知すれば足り，当該労働組合に対しては通知を行う必要はない。

□□□ ★ ウ．Aは，自らの労働契約がX社からY社への承継の対象となっていない場合には，そのことについて異議を述べることができる。

テーマ 4　会社の資金調達

1 募集株式の発行

□□□ 問題 1 ★★★ 重要！　公開会社は，その設立時には，定款で定めた発行可能株式総数の範囲内であればその多寡を問わず，自由に株式を発行することができる。

□□□ 問題 2 ★★★ 重要！　公開会社においても公開会社でない株式会社においても，定款を変更して発行可能株式総数を増加する場合には，増加後の発行可能株式総数は，発行済株式総数の4倍を超えることはできない。

□□□ 問題 3 ★★　募集株式の引受人の中に出資を履行することなく所定の払込期日が経過した者がいても，その者が株主となる権利を失うだけで，募集株式の発行手続自体が無効となるわけではない。

解答 5

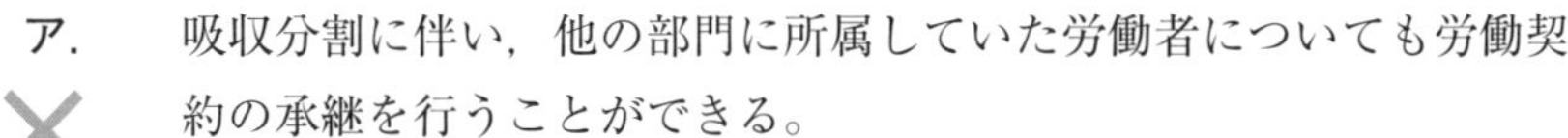

ア. ×　吸収分割に伴い，他の部門に所属していた労働者についても労働契約の承継を行うことができる。

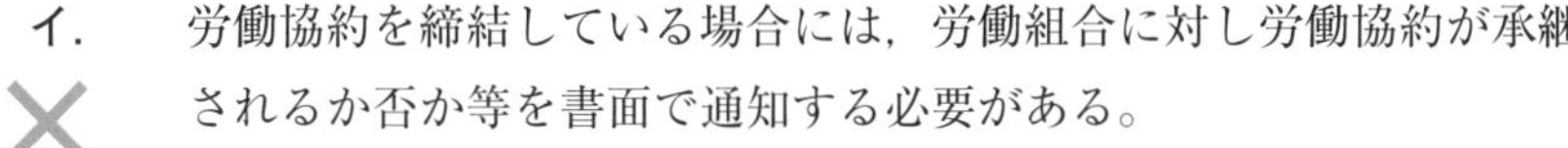

イ. ×　労働協約を締結している場合には，労働組合に対し労働協約が承継されるか否か等を書面で通知する必要がある。

ウ. ○　記述のとおりである。

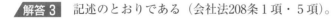

解答 1 ×　公開会社の場合，会社設立の際には，発行可能株式総数の4分の1以上の株式を発行しなければならない(会社法37条1項3項,98条)。

解答 2 ×　非公開会社については，発行可能株式総数を増加する際の規制は適用されない（会社法113条3項1号)。

解答 3 ○　記述のとおりである（会社法208条1項・5項)。

□□□ 問題 4 ★★ 重要!

公開会社がその株主ではない者に対して時価を大幅に下回るような，特に有利な価額で新株を発行する場合，株主総会の特別決議が必要となる。そして，取締役は，その株主総会において，特に有利な価額での新株発行を必要とする理由を株主に説明しなければならない。

□□□ 問題 5 ★★★ 重要!

募集株式の発行が，法令または定款に違反する場合や著しく不公正な方法によって行われた場合には，株主が不利益を受けるおそれがあるか否かにかかわらず，株主は募集株式の発行をやめることを請求することができる。

□□□ 問題 6 ★

募集株式が発行された場合，多数の利害関係人が生じるので，募集株式を発行した後は，会社法上，募集株式の発行につきいかなる法的瑕疵があっても，無効とすることは認められない。

2 社　債

□□□ 問題 1 ★

会社法上，社債については発行限度額についての制限はなく，社債権者は，株主と同様に原則として株主総会で議決権を行使することができる。

テーマ5 解散・清算

□□□ 問題 1 ★★★

A株式会社は，株主総会の解散決議により解散した。A社は，解散によって権利能力を失う。

□□□ 問題 2 ★★

株式会社は，株主総会の解散決議があれば解散することができるが，この解散決議は特別決議による必要はなく，普通決議で足りる。

解答４ ○

募集株式の発行には，株主割当てによる発行とそれ以外の発行があるが，株主割当て以外の方法による募集株式の発行で，払込金額が時価を大幅に下回るような有利発行である場合，公開会社においても株主総会の特別決議が必要であり，取締役は当該株主総会において有利発行を必要とする理由を説明しなければならない（会社法199条２項・３項，201条１項，309条２項５号）。

解答５ ×

株主自らが不利益を受けるおそれがない場合には，差止請求できない（会社法210条）。

解答６ ×

新株発行無効の訴えおよび自己株式処分無効の訴え（会社法828条１項２号・３号）や，新株発行等不存在確認の訴え（会社法829条）などの制度がある。

解答１ ×

募集株式の発行については発行可能株式総数の範囲内という限度があるが，社債については発行限度額についての制限はないから，設問前段は正しい。しかし，社債権者は株主総会で議決権を行使できない。

解答１ ×

決算報告について株主総会の承認を得た時点で会社の権利能力が消滅する。なお，清算結了の登記は清算結了の効力要件ではないことにも注意する必要がある。

解答２ ×

解散決議がなされれば原則として（特別法による場合を除く）解散する。この解散決議は特別決議によらなければならない（会社法471条３号，309条２項11号）。

□□□ 問題 3 ★

株式会社の解散事由には，定款所定の解散事由の発生，株主総会の解散決議などがあるが，破産手続開始の決定は株式会社の解散事由ではない。

□□□ 問題 4 ★★

A株式会社は解散を検討している。A社の株主総会において解散の決議がなされた場合，その後，いかなる手続をもってしてもA社を継続させることはできない。

□□□ 問題 5 ★★

清算人には解散前の取締役が当然に就任するわけではない。ただ，定款や株主総会で別の者が清算人として選任されていない場合，当該会社の取締役が清算人となる。

□□□ 問題 6 ★★ 重要!

A株式会社は解散を検討している。A社が株主総会における解散の決議により清算手続に入った場合，その後，A社は株主総会を開催することができない。

□□□ 問題 7 ★

会社が清算手続を開始する場合において，当該会社の取締役が清算人となり，当該会社が代表取締役を定めていたときは，清算手続を開始する時点で当該会社の代表取締役であった者が代表清算人に就任する。

□□□ 問題 8 ★

会社法上，清算人は，清算事務が終了したときは，遅滞なく，決算報告を作成しなければならない。また，清算人会設置会社では，当該決算報告は，清算人会の承認を受けた上で，株主総会に提出して，その承認を受けなければならない。

解答 3 ×

破産手続開始の決定も株式会社の解散事由である（会社法471条５号）。

解答 4 ×

株主総会の解散決議により解散した場合でも，株主総会の特別決議により会社を継続できる（会社法473条，471条３号，309条２項11号）。

解答 5 ○

原則として，清算人には会社の取締役がそのまま選任される。しかし，定款や株主総会で別の者を選任できる（会社法478条）。

解答 6 ×

清算中の会社でも株主総会は存在する。そして，清算中の会社は，毎期株主総会を開催し，清算人は，清算事務の報告等を行わなければならない（会社法497条）。

解答 7 ○

記述のとおりである（会社法478条１項１号，483条４項）。

解答 8 ○

記述のとおりである（会社法507条）。

第6章

会社と従業員の法律関係

第1節 労働組合法等

本節からはほぼ2回に1度は1題程度出題されます。

テーマ1 労働協約とは

1 労働協約の成立要件・労働協約の期間

□□□ **問題1** ★★

労働協約は，合意書面を作成することが必要であり，かつ，労働協約の当事者である労働組合と使用者が署名または記名押印しない限り，効力は生じない。

□□□ **問題2** ★★

労働組合法上，労働協約の有効期間は3年であり，3年を超える期間を定めた労働協約は，無効である。

2 労働協約の効力

□□□ **問題1** ★★★ 重要!

就業規則は，労働基準法や当該事業場について適用される労働協約に違反してはならず，当該労働協約に違反する就業規則の条項は無効となり，その場合，労働基準監督署長は，当該労働協約に抵触する就業規則の変更を命ずることができる。

□□□ **問題2** ★★ 重要!

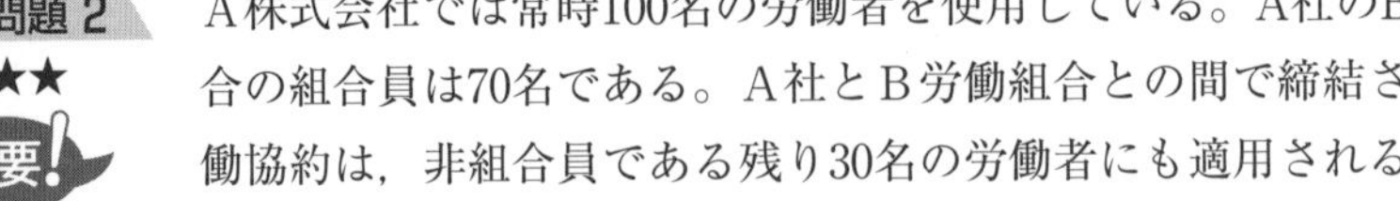

A株式会社では常時100名の労働者を使用している。A社のB労働組合の組合員は70名である。A社とB労働組合との間で締結された労働協約は，非組合員である残り30名の労働者にも適用される。

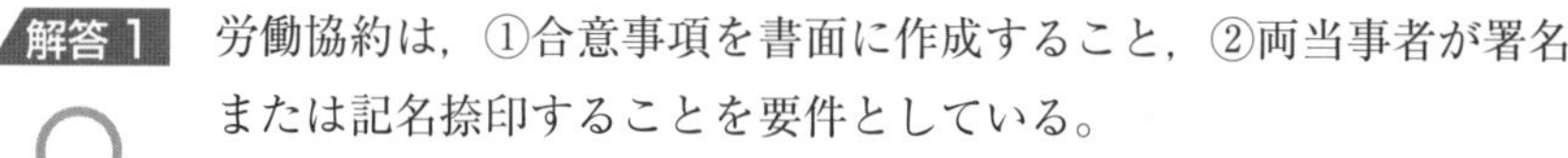

解答 1 ○

労働協約は，①合意事項を書面に作成すること，②両当事者が署名または記名捺印することを要件としている。

解答 2 ×

労働協約は，3年を超える有効期間の定めをすることはできない(労働組合法15条1項)。3年を超える期間を定めても，有効期間は3年とされる（労働組合法15条2項)。

解答 1 ○

労働協約は，労働契約・就業規則より優先する効力が認められている。

解答 2 ×

1つの工場事業場に常時使用される同種の労働者の4分の3（75%）以上が1つの労働協約の適用を受けるときは残りの同種の労働者も同協約の適用を受けるが（労働組合法17条），B労働組合の組合員数は，A社の事業場に常時使用される労働者数の70%を占めるにすぎないので，一般的拘束力は認められない。

テーマ2 不当労働行為

《不当労働行為》

1．正当な組合活動を理由とする不利益取扱いおよび黄犬契約の締結	2．正当な理由がない団体交渉の拒否	3．労働組合の結成，運営に対する支配介入および労働組合の運営経費に対する経理上の援助	4．労働委員会の手続に関与したことを理由とする不利益な取扱い
▽	▽	▽	▽
労働組合を結成し，または結成しようとしたこと，労働組合に加入すること，労働組合の活動をしたことなどを理由として，人事，給与等について**不利益な取扱い**をしてはならない。	労働者の「経済的地位」の向上と直接結びつかない事項についての交渉を拒否しても，労働組合の意義より，不当労働行為とはならない。	**原則**として労働組合に対する**経費援助**は許されない。	これは，労働委員会の活動を保護するためである。

□□□ **問題1** ★★

労働契約を締結するにあたり，労働者が労働組合に加入せずまたは労働組合から脱退することを雇用条件とすることは禁止されており，また，労働組合が特定の工場事業場に雇用される労働者の過半数を代表する場合において，使用者が労働組合との間で，労働者がその労働組合の組合員であることを雇用条件とする労働協約を締結することも禁止されている。

□□□ **問題2** ★★★ 重要!

労働者の利益保護の観点から，使用者は，原則として労働組合に経費援助を与える義務がある旨，労働組合法は規定している。

□□□ **問題3** ★★

取締役会設置会社であるＡ社の労働者Ｘは，Ａ社において労働組合を結成しようと考えている。Ｘが労働組合を結成するためには，労働組合法上，Ｘは，Ａ社の取締役会の承認を得なければならず，結成する労働組合の理事の１人は，Ａ社の取締役でなければならない。

解答 1

設問前段は正しい（黄犬契約の禁止）。しかし，後段が誤っている。労働組合が特定の工場事業場に雇用される労働者の過半数を代表する場合において，使用者が労働組合との間で，労働者がその労働組合の組合員であることを雇用条件とする労働協約（ユニオン・ショップ協定）を締結することは認められる。

解答 2

×

使用者は，原則として労働組合に対して経理上の援助を与えてはならない。

解答 3

×

労働組合は，労働者が自主的に組織する団体である。したがって，その結成にあたって使用者の承認等は不要である。また，使用者は労働組合の結成，運営に対して支配，介入してはならないとされており，労働組合法上，労働組合の理事の１人は，当該会社の取締役でなければならないというような規定はない。

第2節 社会保険等

本節からはほぼ2回に1度は1題程度出題されます。

テーマ1 労働者災害補償保険法（労災保険法）

1 労災保険とは

□□□ 問題1
★★★

労災保険法上，労働者を１人でも使用している事業者には労災保険への加入義務があり，労災保険の保険料は，事業主と労働者が，折半して負担する。

2 労災保険の適用対象者

法人の役員等	同居の親族	中小事業主
 **原則**：労災保険の適用対象とならない。 **例外**：業務執行権がなく，業務執行権を有する役員の指揮命令を受けて労働に従事し，その対価として賃金を受けているのであれば，労災保険の適用対象となる。	 **原則**：労災保険の適用対象とならない。 **例外**：一般事務や現場作業等で働く人のうち，就労実態や賃金，労働時間等が，就業規則等により，その事業場の他の労働者と同様に管理され，かつ，業務を行うにつき事業者の指揮命令に従っていることが明確であれば，労災保険の適用対象となる。	▽ **原則**：労災保険の適用対象とならない。 **例外**：常時300人（卸売業，サービス業等では100人，金融業・保険業・不動産業・小売業では50人）以下の労働者を使用する事業主は，特別加入で労災保険の適用対象となる。 ■**特別加入の要件** ①その事業について労災保険関係が成立していること ②労働保険事務の処理を労働保険事務組合に委託していること ③中小事業主および家族従業者等すべてを包括して加入すること

□□□ 問題1
★★

一般に正社員と呼ばれる労働者のみが労災保険法上の労働者にあたり，パートタイマーやアルバイト，派遣社員などは，原則として労災保険法上の労働者にはあたらない。

解答 1 ×

設問前段は正しい。しかし，設問後段が誤っている。労災保険制度では，事業主が保険料の全額を負担する。

解答 1

常用，臨時，パートタイマーなどの別なく，労働者は労災保険の適用対象者となる。また，労働組合に加入しているか否かは問わない。

□□□ **問題 2**
★★

法人の役員は，労働者とはいえないので，労災保険の適用対象者となることはない。

3 業務災害と認められる要件

《業務災害と認められる要件》

①業務遂行性	**②業務起因性**
▽	▽
労働者が労働契約に基づき事業主の支配・管理下にある状態であること（業務遂行性）が必要である。	労災保険法７条の「業務上」とは，業務が原因となったという意味である。 業務と災害との間に因果関係がなければならない。

□□□ **問題 1**
★★★

業務災害と認められるためには，業務遂行性および業務起因性が必要であるが，所定労働時間内に事業場で負傷した場合だけでなく，上司の指示に従って残業中に事業場で負傷した場合も業務遂行性は認められる。また，会社の業務上の命令を遂行するために出張に赴いた際に交通事故に遭い負傷した場合でも業務遂行性は認められる。

□□□ **問題 2**
★★★

労働者が休憩時間中に休憩室で休んでいたときに，休憩室の照明器具が落下してきたことにより負傷した場合，その負傷は労災保険法に基づく保険給付の対象となりうるし，労働者が休憩時間中に社外の飲食店に昼食を摂りに出かけた際に，その店内で転んで負傷した場合でも，その負傷は労災保険法に基づく保険給付の対象となる。

解答 2

×

法人の役員は原則として労災保険の適用対象とならないが，業務執行権がなく，業務執行権を有する役員の指揮命令を受けて労働に従事し，その対価として賃金を受けているのであれば，労災保険の適用対象者となる。

解答 1

○

業務災害と認められるためには，①業務遂行性かつ②業務起因性の要件を充たす必要がある。そして，上司の指示に従って残業中に事業場で負傷した場合も，事業主の支配・管理下で業務に従事していたといえるから，業務遂行性は認められる。また，出張や社用での外出等により事業上施設外で業務に従事している場合，事業主の管理下を離れてはいるが，労働契約に基づき事業主の命令を受けて就業しているため，事業主の支配下にあるといえ，積極的な私的行為を行うなど特段の事情がない限り，業務遂行性が認められる。

解答 2

×

休憩時間中でも，事業施設内にいる限り事業主の支配・管理下にあるとみられるので業務遂行性は認められ，特段の事情がない限り，業務起因性も認められ業務災害となるから，設問前段は正しい。しかし，休憩時間中の社外の飲食店内で転んだことによる負傷については，業務遂行性も業務起因性もなく，業務災害とは認められない。したがって，設問後段が誤っている。

4 通勤災害と認められる要件

《通勤災害と認められるための要件の整理》

1．就業に関し住居と就業の場所との通勤のための往復であること	2．合理的な経路を移動し，逸脱しないこと	3．合理的な方法であって，途中で通勤行動を中断しないこと
【Point】 ①いわゆる二重就職者が第一の事業場から第二の事業場へ移動することについても通勤となりうる。 ②単身赴任先の住居から自宅への移動も，通勤となる場合もある。	**合理的な経路**とは，鉄道，バスなどの通常利用する経路，これに代替する経路などとされている。 **■具体例** ①交通機関ストなどがある場合に，迂回してとる経路も「合理的経路」と認められる。 ②共働き夫婦がマイカー相乗りで通勤する場合も，著しく遠回りでなければ「合理的経路」と認められる。	**合理的な方法**とは，公共交通機関を利用したり，自動車や自転車などを本来の用法に従って使用する場合など，通常用いられる交通方法をいう。 **■逸脱または中断がある場合** **原則**：それ以後に生じた災害は補償の対象とされない。 **例外**：日常生活上必要な行為を行うためのもので，しかもやむをえない必要最小限の中断・逸脱の場合は，例外的にその後合理的な経路に復せば通勤として取り扱われる。 **■具体例** ①共働きの夫婦が通常の経路にあるスーパーマーケットに立ち寄って食事の材料を購入する場合 ②早退して診療所へ立ち寄り，通常の経路に復する場合 これらの場合は，日常生活上必要な行為であり，通勤行為とみなされる(スーパーマーケット・診療所に立ち寄っている間は除く)。

□□□ **問題 1**
★★

通勤の際に，通常使用している鉄道会社の電車が豪雨により運行停止になったためやむを得ず他の鉄道会社の電車により出勤した場合に，その途中で事故に巻き込まれ負傷したとしても，通勤災害とは認められず，労災保険法による給付を受けることはできない。

□□□ **問題 2**
★★

転勤に伴ってやむを得ず家族と別居している単身赴任者が，その赴任先の住居から家族の住む自宅へ帰省する際の移動は，労災保険法上は，通勤と認められることもある。

解答 1

×

通常の通勤に利用している鉄道会社の電車が豪雨により運行停止になったため，やむを得ず他の鉄道会社の振替輸送により出勤した場合は，合理的経路と認められる。

解答 2

○

単身赴任先の住居から自宅への移動は，一定の要件の下で通勤とされる場合も認められた。

□□□ **問題 3**
★★
重要!

A社は就業規則により兼業を禁止している。しかし，A社の従業員Xは，B社が経営するコンビニでアルバイトをしている。XはA社の事務所で仕事を終えてB社のコンビニに向かう途中，交通事故に遭い負傷しても，労災保険法による給付を受けることはできない。

□□□ **問題 4**
★★★
重要!

Aは，会社での仕事を終えて，帰宅する途中で自宅近くのスーパーに立ち寄り，自宅で使用する日用品の買い物をしているときに転倒し，負傷した。この場合のAの負傷は，会社からの帰宅途中での事故であるから，通勤災害に該当し，労災保険法に基づく保険給付の対象となる。

解答3

×

第一の事業場から第二の事業場へ移動することについても通勤とされ，この場合の保険関係の処理は第二の事業場への出勤ととらえ，第二の事業場において行われるので，第一の事業場の兼業禁止に違反する場合でも，通勤災害として労災保険法に基づく保険給付の対象となりうる。

解答4

通常の合理的な経路にあるスーパーに立ち寄って，食事の材料を購入するなどの場合，必要最小限の中断・逸脱で，その後合理的な経路に復せば，通勤として取り扱われるが，スーパー内での負傷は通勤途上における災害とは認められない。

第７章

紛争の解決方法

第１節　民事訴訟手続

毎回，１題～３題程度出題されます。民事訴訟手続については，まず，手続の流れをきちんと暗記することが重要です。手続の流れ自体は直接点数にはつながりませんが，このことを暗記しておかないと，各制度が理解できないし，知識の整理がつきません。

《民事訴訟手続の概略》

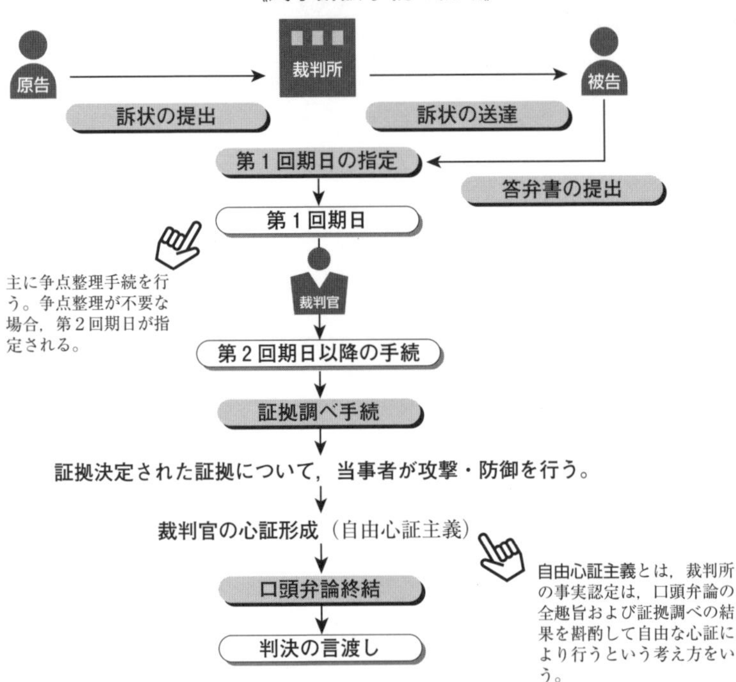
原告
裁判所
被告
訴状の提出
訴状の送達
第１回期日の指定
答弁書の提出
第１回期日
主に争点整理手続を行う。争点整理が不要な場合，第２回期日が指定される。
裁判官
第２回期日以降の手続
証拠調べ手続
証拠決定された証拠について，当事者が攻撃・防御を行う。
裁判官の心証形成（自由心証主義）
自由心証主義とは，裁判所の事実認定は，口頭弁論の全趣旨および証拠調べの結果を斟酌して自由な心証により行うという考え方をいう。
口頭弁論終結
判決の言渡し

テーマ1　裁判手続の流れ

1 訴えの提起

□□□ 問題 1

★★★

重要!

民事訴訟においては，被告の住所地を管轄する裁判所や財産権上の訴えについての義務履行地を管轄する裁判所に第一審の管轄権が認められているが，当事者間の合意によってこれらと異なる裁判所を管轄裁判所とすることも認められている。

□□□ 問題 2

★★

民事訴訟においては，訴えが提起され，事件が裁判官に分配された後，裁判官が訴状の記載事項を審査し，その訴状の記載事項につき形式的な不備があるときは，直ちに訴状が却下される。また，訴状の記載事項につき形式的な不備がなくても，記載された請求内容が明らかに認容されないと考えられるときは，裁判官は直ちに訴えを却下することができる。

2 第1回期日の呼び出しと答弁書の提出期限の指定

□□□ 問題 1

★★★

請求原因に対する答弁は訴状に記載された，各請求原因事実一つ一つに，「認める」「不知」「否認」の3つのうちいずれかで答えることになる。被告が請求原因事実を不知と答弁した場合，当該事実を争ったものと推定される。

□□□ 問題 2

★★

民事訴訟において，被告が原告の主張する事実に対して何らの認否もせず争うことを明らかにしなかった場合，原則として，被告はその事実を自白したものとみなされる。

解答1 ○

被告の住所地を管轄する裁判所や財産権上の訴えについての義務履行地を管轄する裁判所に第一審の管轄権が認められているだけでなく，合意管轄も認められている（民事訴訟法11条）。

解答2 ×

訴状の記載事項につき形式的な不備があっても，直ちに訴状が却下されるわけではなく，いったん補正命令が出され，それでも補正されずに放置された場合にはじめて訴状が却下される。また，補正命令が出されるのは，訴状の記載事項につき形式的な不備がある場合であり，審査・補正命令では請求の内容の当否の判断は行われない。

解答1

記述のとおりである。下記**解答2**の解説参照。

解答2

記述のとおりである。その他被告の答弁については以下のように扱われる。

被告が原告の主張する請求原因事実について	
認める	①裁判上の自白として，原告はこれを証明することを要しない。 ②裁判所はこれに反する認定は許されない。
不知	不知の答弁は，その事実を争ったものと推定されるので，これを認定するためには証明を要する。
否認	被告が否認した事実は，それが本来認否を要しない顕著な事実である場合を除き，これを認定するには証明が必要となる。否認するにあたっては，争点を明確にするため，被告はその理由を記載しなければならない。

3 第１回期日以降

□□□ 問題 1
★★★
重要!

A社のB社に対する貸金返還請求訴訟において，A社が第１回口頭弁論期日に出頭しなかった場合，A社は当該訴訟を取り下げたものとみなされる。これに対して，B社が，答弁書を裁判所に提出せず，第１回口頭弁論期日にも出頭しなかった場合，当該口頭弁論期日において訴状を陳述したA社の請求を認めたものとして取り扱われ，口頭弁論が終結して，A社の請求を認容した判決が出される。

□□□ 問題 2
★★

当事者は攻撃防御の方法を訴訟の適切な時期に提出しなければならないが，時機に後れた攻撃防御方法でも，裁判所によって却下されることはない。

□□□ 問題 3
★★

裁判所が当事者間で争いのある事実を認定するためには，原則として当事者が申し出た証拠方法を取り調べてその結果得られた心証に基づく必要があるが，当事者の一方が申し出た証拠については，相手方当事者に有利な事実を認定するための基礎として用いてはならない。

□□□ 問題 4
★★

民事訴訟法上，争点整理手続の一つとして弁論準備手続が定められているが，これは原則として非公開である。裁判所は，弁論準備手続において当事者に準備書面を提出させることができる。また，弁論準備手続が行われた場合，終了後の口頭弁論期日の際には，当事者は当該手続の結果を陳述しなければならない。

解答 1

×

設問後段は正しいが，設問前段が誤っている。被告と異なり，原告は必ず訴状を提出している。したがって，原告が第1回口頭弁論期日に出頭しなかった場合，訴状がそのまま陳述されたものとして取り扱われる。

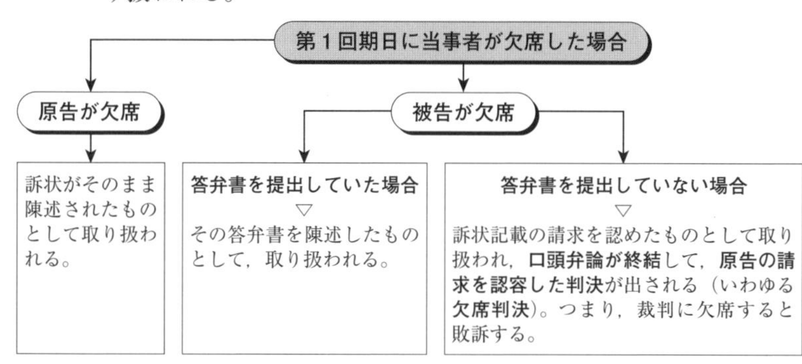

第1回期日に当事者が欠席した場合
原告が欠席
被告が欠席
訴状がそのまま陳述されたものとして取り扱われる。
答弁書を提出していた場合
▽
その答弁書を陳述したものとして，取り扱われる。
答弁書を提出していない場合
▽
訴状記載の請求を認めたものとして取り扱われ，口頭弁論が終結して，原告の請求を認容した判決が出される（いわゆる欠席判決）。つまり，裁判に欠席すると敗訴する。

解答 2

×

当事者は攻撃防御の方法を訴訟の適切な時期に提出しなければならず（適時提出主義），時機に遅れた攻撃防御方法は却下されることがある。

解答 3

×

設問前段は正しい。しかし，一方の当事者の提出した証拠方法の取調べで得た証拠資料を，相手方当事者に有利な事実の認定の基礎として用いることも可能である（証拠共通の原則）。

解答 4

記述のとおりである（民事訴訟法169条2項，170条，173条）。

4 和解の勧告・判決

□□□ 問題1 ★★

民事訴訟法上，口頭弁論終結後は，裁判所が和解を勧告することは禁止されている。

□□□ 問題2 ★★★ 重要!

民事訴訟手続において，判決は電子判決書に基づいて言い渡され，その言渡しによって効力を生じるが，当事者の一方または双方が不出頭の場合には，判決の言渡しをすることはできない。

テーマ2 少額訴訟

□□□ 問題1 ★★★

訴額が100万円と少額である場合，少額訴訟を利用することができる。また，不動産の明渡しを求める民事訴訟でも，当該不動産の価額が100万円以下であれば少額訴訟を利用できる。これらの場合，簡易裁判所に訴えることになる。

□□□ 問題2 ★★

少額訴訟においては，原則として，当該訴訟の審理は1回の期日で行われるが，判決は審理の期日に言い渡されることはない。

□□□ 問題3 ★★

少額訴訟においては，原則として1回の期日で直ちに判決を言い渡すことから，証拠書類や証人は審理の日にその場で取り調べられるものに限られる。したがって，証人尋問等の証拠調べは一切できない。

□□□ 問題4 ★★

少額訴訟においては，分割払いや支払猶予などの判決が言い渡されることがある。

□□□ 問題5 ★★★ 重要!

少額訴訟においても，通常の訴訟と同様に，判決に不服がある当事者は，地方裁判所に控訴できる。

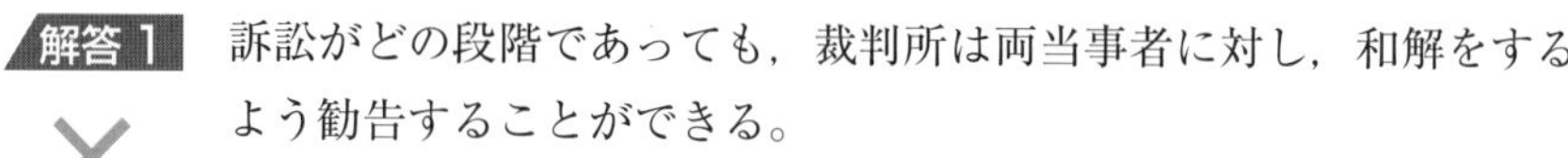

解答 1 ×

訴訟がどの段階であっても，裁判所は両当事者に対し，和解をするよう勧告することができる。

解答 2 ×

設問前段は正しい（改正民事訴訟法253条1項：未施行）。しかし，民事訴訟手続において，判決の言渡しは，当事者の一方または双方が不出頭の場合でもすることができるから，設問後段が誤っている。

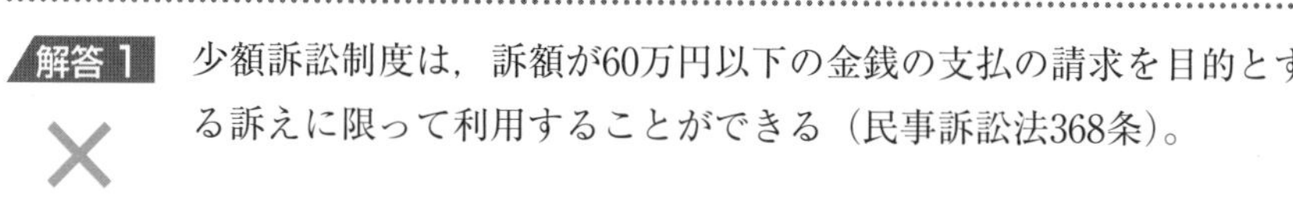

解答 1 ×

少額訴訟制度は，訴額が60万円以下の金銭の支払の請求を目的とする訴えに限って利用することができる（民事訴訟法368条）。

解答 2 ×

少額訴訟では，原則として1回の期日で直ちに判決を言い渡す（民事訴訟法370条，374条1項）。

解答 3 ×

証拠書類や証人は審理の日にその場で取り調べられるものに限られるが（民事訴訟法371条），証人尋問等の証拠調べが一切できないわけではない。

解答 4 ○

記述のとおりである（民事訴訟法375条）。

解答 5 ×

少額訴訟の終局判決に対しては，その判決をした裁判所に異議を申し立てることができるが，控訴をすることができない（民事訴訟法377条）。

□□□ **問題 6** ★

少額訴訟については，同一人が同一の簡易裁判所において年間10回を超えて少額訴訟を提起することができない。

□□□ **問題 7** ★

少額訴訟においては，通常の訴訟と異なり，当事者は和解を行うことはできない。

テーマ 3 裁判所の判断形成プロセス

《弁論主義の内容》

①主要事実について	②事実認定について	③自白について	④証拠方法について
▽	▽	▽	▽
裁判所は，主要事実を，**当事者が主張して初めて訴訟資料として取り上げ，当事者が主張しない主要事実をむやみに取り上げることはできない。**	**当事者が主張していない事実は，**たとえ証拠調べの結果その事実の存在につき裁判所が確信を抱いたとしても，**事実として認定することはできない。**	裁判所は，**当事者間に争いのない事実は**そのまま判決の基礎としなければならず，その真否を確かめるために**証拠調べをして自白に反する**事実の認定をすることは許されない。	裁判所が当事者間で争いのある事実を認定するためには，原則として**当事者が申し出た証拠方法を取り調べてその結果得られた心証に基づく必要があり，当事者の申出のない証拠方法を職権で取り調べる**ことはできない。

1 処分権主義・弁論主義

□□□ **問題 1** ★★★ 重要!

民事訴訟手続において，原告の訴えの提起により訴訟が開始された場合，被告が本案について準備書面を提出し，弁論準備手続において申述をし，または口頭弁論をした後では，原告は，被告の同意を得なければ，当該訴訟を取り下げることはできない。

解答 6 記述のとおりである（民事訴訟法368条１項ただし書）。

解答 7 少額訴訟の場合でも，訴訟上の和解をすることができる。

解答 1 訴えの提起により訴訟が開始された場合でも，当事者は訴えの取下げ（原告）や請求の認諾（被告）などにより訴訟を終結できる。しかし，相手方が本案について準備書面を提出し，弁論準備手続において申述をし，または口頭弁論をした後の場合，相手方の同意を得なければ，訴えの取下げはその効力を生じない（民事訴訟法261条２項）。

□□□ **問題 2**
★★★
重要!

口頭弁論期日において，被告が原告の主張する請求原因事実を認め，裁判上の自白が成立した場合，原告はこれを証明することを要しないが，裁判所は，当該自白に反する心証を得た場合には，これに反する事実認定をすることができる。

□□□ **問題 3**
★★★
重要!

民事訴訟は，真実発見を目的としている以上，当事者の主張しているX事実の存否につき証拠調べをしている過程で，当事者の主張していないY事実が存在することにつき，裁判所が確信を抱いた場合，裁判所は，Y事実を基礎として判決をしなければならない。

2 証明責任の分配

□□□ **問題 1**
★★★

A社は，B社に対して，貸金債権を有しているが，B社はその返済をしようとしない。そこで，A社は，B社を相手方として，貸金返還請求訴訟を提起した。この場合，A社は，A・B間で金銭消費貸借契約が成立した事実を立証しなければならない。

□□□ **問題 2**
★★★

A社はB社に対して貸金債権を有しているが，B社はその返済をしようとしない。そこで，A社はB社を相手方として貸金返還請求訴訟を提起した。この場合，B社が「確かに，金銭を借りたが，それはもう時効消滅している。」旨主張した場合，その事実については，B社が立証責任を負う。

解答 2 ×

裁判所は，当事者間に争いのない事実はそのまま判決の基礎としなければならず，その真否を確かめるために証拠調べをして自白に反する事実の認定をすることは許されない。

解答 3 ×

当事者が主張していない事実は，たとえ証拠調べの結果その事実の存在につき裁判所が確信を抱いたとしても，事実として認定することはできない。

解答 1 ○

実務で採用されている法律要件分類説は，権利の発生の点は，これを主張しようとする者の主張立証責任とし，権利の発生障害，消滅，阻止の点については，権利の存在を否定しまたはその行使を否定しようとする者の主張立証責任とする。そして，ある権利の発生が主張立証されたときは，消滅等の点について主張立証がなされない限り，その権利は存続しているものと扱われる。

権利の発生	**権利の発生障害，消滅，阻止**
▽	▽
権利の発生を主張する者が，主張責任 & 証明責任（立証責任，挙証責任）を負う。	権利の存在を否定しまたはその行使を否定しようとする者が，主張責任 & 証明責任（立証責任，挙証責任）を負う。

解答 2

記述のとおりである。上記 **解答 1** 参照。

第2節　その他の紛争の解決方法

ほぼ2回に1度は1題～2題程度出題されます。各制度を整理すると以下のようになります。

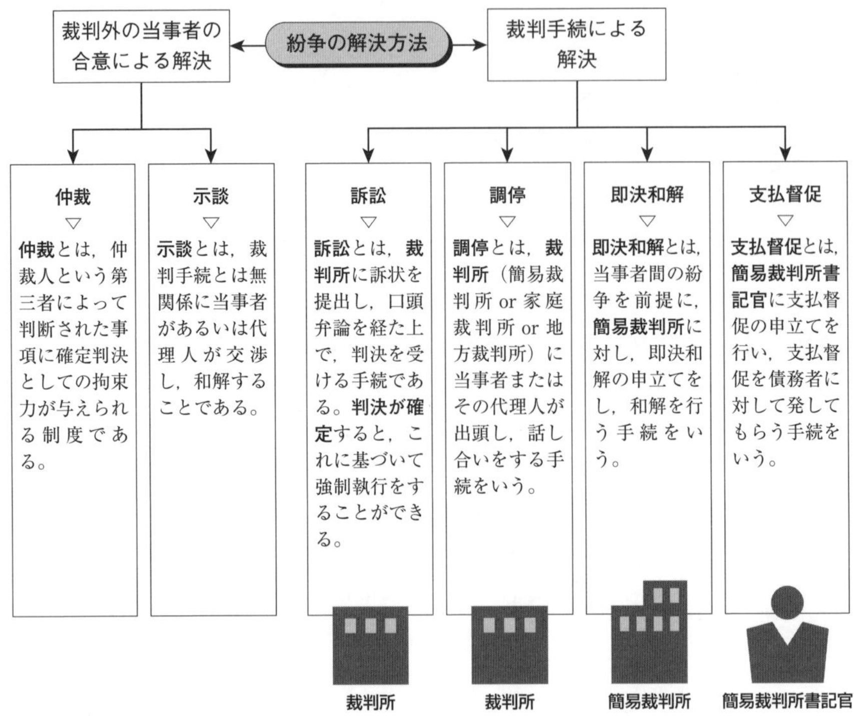

テーマ1 示談（裁判外の和解）

□□□ 問題1 ★★★ 重要!

A社とB社との間で，A社のB社に対する貸付金の返還および建物甲の明渡しについて紛争が生じていた。この紛争について，A社とB社との間で示談が成立し，示談書が作成された。この場合示談書を作成しただけでは，その示談書は債務名義とならないが，示談における合意内容を公正証書にして，そこに強制執行認諾文言が付されていれば，貸付金の返還および建物甲の明渡しのいずれについても，債務名義となる。

テーマ2 即決和解

□□□ 問題1 ★

即決和解が成立し，和解調書が作成された。和解調書は債務名義となる。

□□□ 問題2 ★★★ 重要!

不動産の売買契約の当事者が，簡易裁判所において，代金の支払い・不動産の明渡しについて訴え提起前の和解（即決和解）を成立させ和解調書が作成された。この場合，売主は，当該和解調書を債務名義として，代金の支払いについて強制執行を申し立てることはできるが，買主は，当該和解調書を債務名義として，不動産の明渡しについて強制執行を申し立てることはできない。

解答 1

×

当事者間の示談書（和解契約書）だけでは債務名義とならないから，設問前段は正しい。そして，示談における合意内容を公正証書にして，そこに強制執行認諾文言が付されていれば（強制執行認諾文言付公正証書），金銭の支払いなどを目的とする請求については債務名義となる。しかし，不動産の明渡しを目的とする請求については，強制執行認諾文言付公正証書は債務名義とならない。

解答 1

○

記述のとおりである。

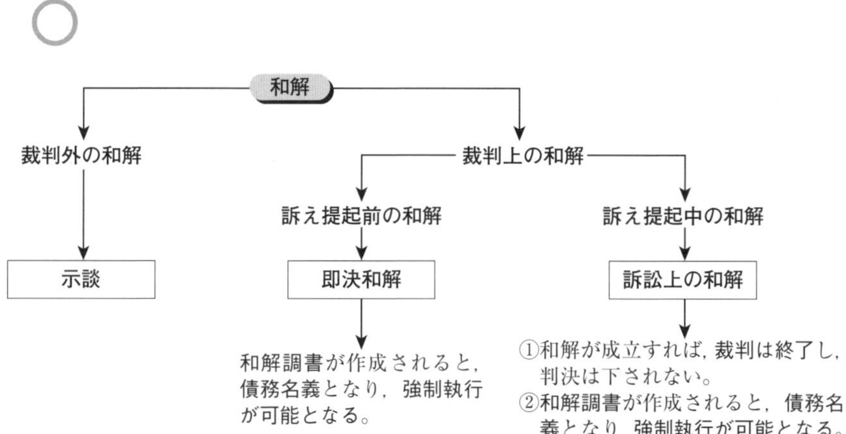

解答 2

×

即決和解の場合は，債務名義となるのは金銭債権に限定されないから，不動産の明渡しなどについても強制執行が可能となる。

テーマ3 調　停

□□□ 問題1 ★

民事調停手続において，紛争当事者に合意が成立する見込みがない場合，調停委員会は，当事者を強制的に合意させることができる。

□□□ 問題2 ★

調停の申立てに基づき何度か期日を開いたが，両者の話し合いがまとまらない場合は，自動的に訴訟に移行することになる。

□□□ 問題3 ★★

調停の場合も，民事訴訟の場合と同様に，当事者は期日において出頭することを義務付けられているので，申立てを受けた側が1回目の期日に答弁書も何も出さずに欠席すると，申立人の主張通りの調停調書が作成されることとなる。

□□□ 問題4 ★★

調停とは，紛争当事者以外の第三者にも関与してもらう紛争解決手続であり，当事者またはその代理人が裁判所に出向き，裁判所において中立な第三者である調停委員が関与した上で行う話合いの手続である。もっとも，調停が成立しても，調停調書は債務名義とならず，直ちに強制執行をすることはできないというデメリットがある。

テーマ4 支払督促

□□□ 問題1 ★★

貸付金債権，売掛金債権，損害賠償請求権などの金銭の支払請求権であれば，支払督促を利用して債権の回収をすることができる。

解答1 ×

民事調停手続において，紛争当事者が協議を重ねても合意に至らない場合は，当事者を強制的に合意させることはできず，調停は不成立となる。

解答2 ×

調停が不調に終わっても，調停が不成立になるだけである。自動的に訴訟に移行するわけではない。

解答3 ×

当事者は期日に出頭することを義務付けられていない。したがって，調停の場合，当事者は欠席しても不利に取り扱われることはない。

解答4 ×

調停が成立すると調停調書が作られ，この調書は債務名義となるので（民事調停法16条），当事者の一方が調停条項を履行しないときは直ちに強制執行が可能となる。

※　調停調書の電子化の改正法は成立しているが，未施行である。

解答1 ○

支払督促は金銭の支払請求権等であれば，申し立てることが可能である（民事訴訟法382条）。

□□□ **問題 2**
★★

相手方が支払督促の送達を受けてから2週間以内に督促異議の申立てをしないために，仮執行宣言付支払督促が送達され，相手方がこれを受けてから2週間以内に督促異議の申立てをしないときは，支払督促は債務名義となる。ただし，支払督促は，貸付金の回収のみに利用することができる手続であり，たとえば，慰謝料請求権のように金額の算定が困難な請求権の場合には利用できない。

□□□ **問題 3**
★★

支払督促の申立てを受理した裁判所書記官は，債務者に対し審尋を行わなければ，支払督促を発することができない。

□□□ **問題 4**
★★★
重要!

支払督促が発せられた場合において，当該支払督促に対して債務者が督促異議を申し立てると，支払督促の申立ての時に所定の裁判所に訴えを提起したものとみなされる。

解答２ ×

設問前段は正しいが，設問後段が誤っている。支払督促は金銭等の支払請求権であれば，申し立てることが可能であり，金額の算定が困難な請求権だからといって排除されてはいない。

※　貸金のような定型的な処理が可能なものについては，インターネットを利用した支払督促の申立てを行うこともできる（督促手続オンラインシステム）。

解答３ ×

支払督促は，申立てが適法であり，すべての要件を満たしている場合には，債務者の審尋なしに発せられる（民事訴訟法386条１項）。

解答４ ○

記述のとおりである。

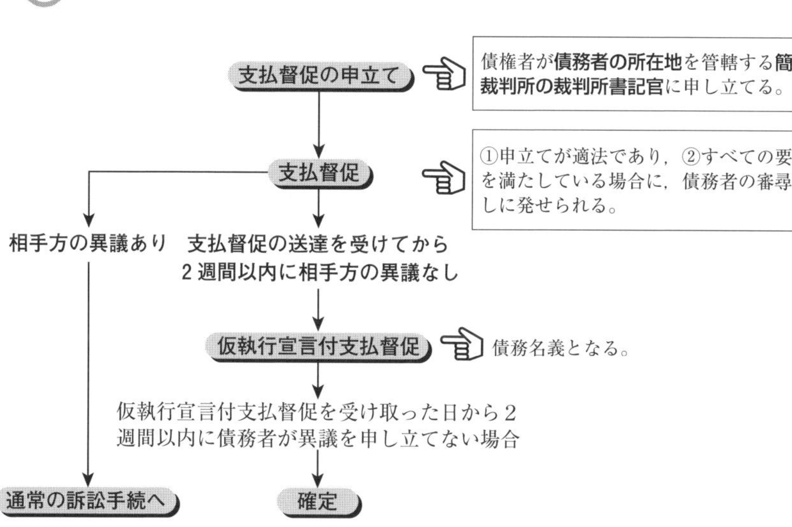
支払督促の申立て
債権者が債務者の所在地を管轄する簡易裁判所の裁判所書記官に申し立てる。
支払督促
①申立てが適法であり，②すべての要件を満たしている場合に，債務者の審尋なしに発せられる。
相手方の異議あり
支払督促の送達を受けてから2週間以内に相手方の異議なし
仮執行宣言付支払督促
債務名義となる。
仮執行宣言付支払督促を受け取った日から２週間以内に債務者が異議を申し立てない場合
通常の訴訟手続へ
確定

テーマ5 仲　裁

□□□ **問題1**
★★★
重要!

仲裁合意は，当事者の全部が署名した文書，当事者が交換した書簡または電報（ファックス等を含む）その他の書面によりしなければならず，電磁的記録や口頭の合意によってこれをすることはできない。

×

仲裁合意は，書面でしなければならず，口頭の合意ですることはできないが，電磁的記録によってすることはできる（仲裁法13条2項・4項）。

第8章 国際法務（渉外法務）

第1節 国際取引

毎回，２題～３題程度出題されます。標準的な出題は，国際裁判管轄・準拠法・外国判決の執行を中心とした問題から１題，アメリカ法や国際仲裁などその他から１題です。国際取引については，まず，国際裁判管轄の問題と準拠法決定の問題とでは次元が違うということを理解する必要があります。

国際取引において，トラブル発生→訴訟するしかない。

まず，どこの国の裁判所に訴えるべきか？
▽
これが，国際裁判管轄の問題！

この２つの問題は次元の違う問題である。
▽
したがって，裁判管轄が認められた国の私法が準拠法となるという関係はない。

次に，どこの国の法律を適用すべきか？
▽
これが，準拠法の問題！

仮に外国判決が出た場合，これを日本国内で執行できるか？
▽
これが，外国判決の執行の問題！

テーマ１ 国際裁判管轄

□□□ **問題１** ★★

フォーラム・ノン・コンヴィニエンスの法理によると，訴訟が提起された裁判所は，管轄権の行使を差し控えることは許されないものとされている。

解答 1

×

フォーラム・ノン・コンヴィニエンスの法理によると，訴訟が提起された裁判所以外の裁判所で事件がより適切に審理されると考えられるときは，訴えを提起された裁判所は，裁量によって本来有する管轄権の行使を差し控えて訴えを却下することができる。

□□□ **問題 2** ★★★

日本に本店所在地があるA社とS国に本店所在地のあるB社との間で締結された国際売買契約において，当該契約に関する民事上の法的紛争については日本の裁判所に管轄権がある旨の国際裁判管轄についての合意がなされていた。当該合意に基づきA社が日本において民事訴訟を提起しようとしても，日本の民事訴訟法では，国際取引における合意管轄は認められていないため，A社は当該合意管轄があることを根拠として日本の裁判所に民事訴訟を提起することはできない。

□□□ **問題 3** ★★★ 重要!

国際的訴訟競合が発生した場合，日本の裁判所の判決と外国の裁判所でなされる判決とが矛盾する危険性があるので，訴訟が提起された日本の裁判所は，原則として訴えを却下しなければならない。

テーマ2 準拠法の決定

□□□ **問題 1** ★★★

日本の国際私法である「法の適用に関する通則法」によると，契約の成立および効力の準拠法は，当事者の合意がある場合には，それを尊重し，当事者の合意がない場合には，法律行為の当時において法律行為に最も密接な関係がある地の法により決定される。

解答 2

民事訴訟法では，当事者間の合意により，いずれの国の裁判所に訴えを提起することができるかについて定められる旨が明記されている（国際取引における合意管轄を認めている：民事訴訟法3条の7第1項）。ただし，この合意は，一定の法律関係に基づく訴えに関し，書面または電磁的記録によってしなければ効力を生じない（民事訴訟法3条の7第2項・3項）。

解答 3

国際的訴訟競合は，日本でも認められている。

解答 1

記述のとおりである。

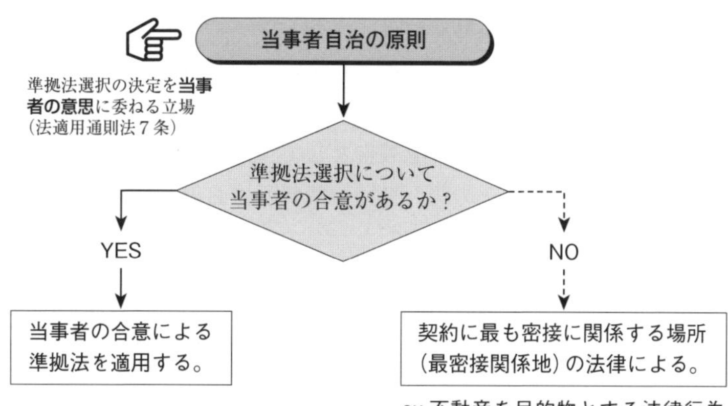

□□□ **問題 2**
★★★

日本の企業Ａ社とアメリカの企業Ｂ社は，ニューヨークで継続的な契約を締結した。裁判が行われる国によっては，当事者間の契約において定めた準拠法とは異なる法律が準拠法とされることもあり得る。

テーマ３ 外国判決の執行

□□□ **問題 1**
★★★
重要！

外国判決を執行するためには日本の裁判所で執行判決を得る必要があるが，当該外国判決について不服申立の方法が尽きていない場合であっても，執行文は付与される。

□□□ **問題 2**
★★★

外国判決を執行するためには日本の裁判所で執行判決を得る必要があるが，日本の公序良俗に反するときには，執行文は付与されない。その例として，米国の裁判所による懲罰的損害賠償を認容した確定判決が挙げられる。

□□□ **問題 3**
★★★

日本の企業であるＡ社とＸ国の企業であるＢ社との間の売買契約に関し，Ｂ社がＡ社を被告としてＸ国の裁判所に損害賠償請求訴訟を提起した。その後，Ｘ国の裁判所においてＢ社の主張を認容する旨の判決が下され確定した。この場合，Ａ社が，訴訟の開始に必要な呼出しまたは命令の送達を受けず，かつ応訴もしなかったとしても，法令または条約によりＸ国の裁判所に国際裁判管轄権が認められるときは，Ｂ社は，日本の裁判所において，執行判決を得て強制執行を行うことができる。

解答 2 ○

客観主義を採用している国で裁判になった場合，当事者間で準拠法の合意があっても，それと異なる法が準拠法となることがあり得る。

解答 1 ×

外国判決を執行するためには，わが国の裁判所で執行判決を得る必要があるが（民事訴訟法118条，民事執行法22条6号，24条），執行判決を得る要件として，外国裁判所の確定した判決であること，すなわち，当該外国において通常の不服申立方法が尽きていることが必要である。

解答 2 ○

判決の内容または訴訟手続が日本における公序良俗に反する場合は日本の裁判所で執行判決を得られない（民事訴訟法118条3号）。

解答 3 ×

外国判決を執行するためには，日本の裁判所で，執行判決を得る必要がある。執行判決を得るには，外国判決が確定していることに加えて，法令または条約により外国裁判所に国際裁判管轄権が認められることが必要なだけでなく，敗訴被告が訴訟開始に必要な呼出し・命令の送達を受けたこと，または応訴したことも必要である（民事訴訟法118条2号）。

テーマ4 仲　裁

□□□ 問題 1
★★★
重要!

日本の企業と外国の企業との間の契約において，日本の仲裁法に基づき仲裁合意をし，仲裁条項が定められた。仲裁条項は，当事者間の紛争を仲裁によって解決する旨を定めた条項である。この条項がある場合でも，当事者間に発生した紛争を訴訟で解決することは可能であり，仲裁条項を根拠に訴訟の却下を求めることはできない。

□□□ 問題 2
★★

日本の仲裁法によれば，仲裁手続は，原則として公開して行うこととされている。

□□□ 問題 3
★

仲裁は，すべて常設の仲裁機関で行われるので，仲裁機関以外の仲裁人を選任し，仲裁判断を求めることはできない。

□□□ 問題 4
★★

日本の企業と外国の企業との間の契約において，日本の仲裁法に基づき，当該契約に関して生じるすべての民事上の法的紛争を仲裁により最終的に解決する旨の仲裁合意をしていた場合において，当該契約に関して生じた民事上の法的紛争について日本の仲裁機関が仲裁判断を下したときであっても，その仲裁判断の内容に不服のある当事者は，当該紛争につき日本の裁判所に上訴をすることができる。

解答 1 ×

仲裁条項に反して訴訟が提起された場合は，仲裁条項の存在を主張して訴訟の却下を求めることができる。

解答 2 ×

仲裁手続は原則として非公開で，仲裁判断も当事者の合意がない限り公開されない。

解答 3 ×

仲裁には個別的仲裁もある。

解答 4 ×

仲裁は，紛争解決基準が示され，仲裁人によってなされた仲裁判断には確定判決と同一の効力があって，これに対する不服申立ても許さない制度である。よって，仲裁判断の内容に不服があっても，当該紛争につき裁判所に上訴をすることはできない。

第2節 国際取引における契約書の作成

1 一般条項の整備

□□□ 問題1
★★

国際取引においては，交渉過程で生じ得る誤解や思い違いを防止するため，交渉議事録（minutes of meeting），やレター・オブ・インテント（letter of intent）などの確認文書を作成すべきである。しかし，これらの文書に法的効力を持たせる旨の条項が記載されたとしても，当該文書に法的拘束力は生じない。

□□□ 問題2
★★

不可抗力により契約上の債務が履行できない場合には，契約当事者は責任を負わないというのは，国際的に共通の考え方であるから，国際売買契約において，売主の目的物引渡債務が不可抗力によって履行できない場合であっても，売主に責任が生じることはない。したがって，国際売買契約において契約書を作成する際に，契約当事者が，不可抗力（force majeure）に関する条項を盛り込む必要はない。

解答１　×

交渉議事録やレター・オブ・インテントなどの確認文書についても，法的効力を持たせる旨の条項が記載された場合には，法的拘束力が生じる。

ミニッツ・オブ・ミーティング
(minutes of meeting)

▽

文字通り交渉の議事録であり，主に

①交渉の日時・場所・参加者
②交渉の場で議論された事項
③その中で合意された事項と合意内容
④合意に至らなかった事項と両当事者の主張内容を記録したもの

である。

以後の契約交渉に無用の蒸し返しを防ぐ効果が期待できる。

レター・オブ・インテント（letter of intent），
エム・オー・ユー（Memorandum of Understanding）

▽

取引の主要条件について大筋の合意に達した時など交渉の節目節目で，将来締結すべき契約に関する予備的な合意事項や了解事項を簡潔に記載したもので，

Heads of Agreement
Protocol
letter of Understanding
Memorandum of intent

等の名称で作成されることもある。

実務上，これらは法的効力を持たないという認識がされていることが多いが，法的効力の有無はその内容および当事者の意図による。

解答２

不可抗力（force majeure）の概念は，英米法系には原則としては存在しない。したがって，契約書に不可抗力とみなされる事態を具体的に列挙すべきである。

2 国際売買契約

□□□ 問題 1

★★

「インコタームズ」（International Commercial Terms）には条約と同等の効力が認められているので，法的な強制力がある。

解答 1

×

インコタームズは国際商業会議所が制定した貿易取引条件についての国際的な標準である。インコタームズは条約ではなく，法的な強制力はない。

第3節 国際的な知的財産権の保護

□□□ 問題1
★★

特許協力条約（ＰＣＴ）では，発明につき所定の手続により特許の国際出願を行ったとしても，複数の同盟国において出願したのと同一の効果は認められない。したがって，日本の企業であるＡ社が，日本および特許協力条約に加盟しているＸ国で，発明甲について特許権を取得することとした場合，Ａ社は，所定の手続に従い日本で発明甲について国際特許出願をしただけでは，Ｘ国においても発明甲について特許出願をしたのと同一の効果が認められることはない。

□□□ 問題2
★★★

日本企業のＡ社は，デジタルカメラ甲を製造するのに必要な発明乙につき，日本およびＸ国で特許権の設定登録を受けている。Ａ社は，日本国内において発明乙を実施してデジタルカメラ甲を製造し，販売している。他方，Ｘ国においては，Ｘ国の企業であるＢ社がＡ社からデジタルカメラ甲の独占的販売権の設定を受け，Ｂ社は，当該販売権に基づいてＸ国内においてデジタルカメラ甲を販売している。日本の企業であるＣ社は，Ｘ国においてＢ社からデジタルカメラ甲を購入し，日本に輸入し販売している。この場合，日本の判例によれば，Ａ社は，原則として，日本における発明乙の特許権に基づいて，Ｃ社に対して，デジタルカメラ甲の輸入および販売の差止めを請求することができる。

解答 1

×

特許協力条約（ＰＣＴ）では，複数の同盟国を指定国として，一定の要件に従い，１つの国際出願をすれば，その複数の指定国において出願したのと同一の効果が与えられるという国際出願制度が定められている。

解答 2

×

特許権に基づき並行輸入を阻止することは，原則として，できないというのがわが国の判例の立場である（ＢＢＳアルミホイール事件）。

第4節 国際倒産

問題1 東京に本社を置く日本法人甲社とアメリカ法人乙社が取引をしていたが，甲社が倒産し，法的倒産処理手続を検討している。甲社は日本とアメリカに財産を有している。

□□□ ★ **ア．** 甲社が日本において破産手続開始決定を受けた場合，当該破産手続開始決定の効力は，日本にある甲社の財産には及ぶが，アメリカにある甲社の財産には及ばない。

□□□ ★★★ 重要！ **イ．** 甲社が日本において破産手続開始決定を受けた後，甲社の債権者がアメリカにある甲社の財産から債権の一部を回収した場合，当該債権者は未回収部分については，日本の破産手続に基づいて，他の破産債権者に優先して，配当を受けることができる。

□□□ **問題2** ★★ 重要！ 日本法人甲社とX国法人である乙社が国際売買契約を締結し，甲社は乙社に売掛金債権を有していたが，乙社が支払不能となった。この場合，乙社が日本国内に営業所を有していれば，日本の裁判所に対し，破産手続開始の申立てをすることはできるが，更正手続開始の申立てをすることはできない。

解答 1

ア. ✕ 属地主義は撤廃され，国内倒産手続の対外的効力が認められた。すなわち，破産手続の効力は外国にある会社の財産にも及ぶ。

イ. ✕ 破産法は，外国にある財産から受けた弁済額を破産手続または更生手続に反映させ，外国で弁済を受けた一部の債権者は同順位の他の債権者が同等の配当を受けるまでは配当を受けることができないと規定している（破産法109条，201条4項）。

解答 2 ✕ 破産手続・民事再生手続については，日本国内に債務者の住所，居所，営業所，事務所または財産があるときに手続開始の申立てをすることができる。また，会社更生手続については，日本国内に債務者の営業所があるときに手続開始の申立てをすることができる。

第5節 外国公務員等への贈賄等の禁止

□□□ 問題1

★★★

国際商取引に関して営業上の不正の利益を得るために，外国公務員に対して，その外国公務員の職務に関する行為をさせることを目的として金銭を供与するなど不正の利益の供与等をすることは不正競争防止法により禁止されており，これに違反した者は刑事罰を科されることがある。

解答1 ○

記述のとおりである（不正競争防止法18条，21条4項4号，22条1項：両罰規定)。

memo

memo

2024年度版　ビジネス実務法務検定試験®
一問一答エクスプレス　2級

（2007年度版　2007年3月30日　初版　第1刷発行）
2024年3月20日　初　版　第1刷発行

編 著 者　ＴＡＣ株式会社
（ビジネス実務法務検定試験®講座）
発 行 者　多　田　敏　男
発 行 所　TAC株式会社　出版事業部
（TAC出版）

〒101-8383
東京都千代田区神田三崎町3-2-18
電 話 03(5276)9492(営業)
FAX 03(5276)9674
https://shuppan.tac-school.co.jp

組　　版　株式会社　グ　ラ　フ　ト
印　　刷　日 新 印 刷 株 式 会 社
製　　本　株式会社　常　川　製　本

ISBN 978-4-300-11064-5
N.D.C. 336

乱丁・落丁による交換，および正誤のお問合せ対応は，該当書籍の改訂版刊行月末日までといたします。なお，交換につきましては，書籍の在庫状況等により，お受けできない場合もございます。
また，各種本試験の実施の延期，中止を理由とした本書の返品はお受けいたしません。返金もいたしかねますので，あらかじめご了承くださいますようお願い申し上げます。

2024年合格目標

第1シーズン合格目標は2024年1月9日（火）より、第2シーズン合格目標は2024年6月1日（土）より申込受付開始

※申込方法により申込受付期限が異なります。

■3・2級対策〔本科生・パック〕開講ラインアップ

特にオススメ！

コース名		3・2級ダブル合格本科生	3・2級ステップ合格本科生	3級合格本科生	2級合格総合本科生	2級合格本科生	2級答練パック
回数		（全30回）	（全30回）	（全11回）	（全23回）	（全19回）	（全5回）
第1シーズン(7月)合格目標		3月開講	3月開講 第1シーズンに3級・第2シーズンに2級を目指すコースです。	3月開講	3月開講	4月開講	4月開講
第2シーズン(10～11月)合格目標		6月開講		6月開講	6月開講	6月開講	6月開講
3級	基本講義（8回）	●	● 第1シーズン目標	●	－	－	－
3級	基礎答練（2回）	●	● 第1シーズン目標	●	－	－	－
3級	応用答練（1回）	●	● 第1シーズン目標	●	－	－	－
2級	アプローチ講義（4回）	－	－	－	●	－	－
2級	基本講義（14回）	●	● 第2シーズン目標	－	●	●	－
2級	基礎答練（2回）	●	● 第2シーズン目標	－	●	●	●
2級	応用答練（2回）	●	● 第2シーズン目標	－	●	●	●
2級	直前予想模試（1回）	●	● 第2シーズン目標	－	●	●	●

模試　2級直前予想模試

（注）2級対策を含む本科生・パックには本模試が組み込まれていますので、別途申込は不要です。

第1シーズン合格目標は2024年1月9日（火）より、第2シーズン合格目標は2024年6月1日（土）より申込受付開始

※申込方法により申込受付期限が異なります。

■開催日 IBT・CBTを体験できる！

第1シーズン（6～7月）合格目標

	自宅受験	
第1シーズン（7月）合格目標	Web問題配信開始日	5/29（水）～（※）
	解説冊子発送日	5/29（水）
	答案送信期限	6/30（日）必着　Web送信
	解説講義Web配信期間	6/7（金）～7/31（水）
	成績表Web掲載期間	答案送信から2週間前後～7/31（水）

（※）Web問題は2023年7月31日まで配信

第2シーズン（10～11月）合格目標

	自宅受験	
第2シーズン（10～11月）合格目標	Web問題配信開始日	9/18（水）～（※）
	解説冊子発送日	9/18（水）
	答案送信期限	11/3（日）必着　Web送信
	解説講義Web配信期間	10/8（火）～11/30（土）
	成績表Web掲載期間	答案送信から2週間前後～11/30（土）

（※）Web問題は2023年11月30日まで配信

■通常受講料

■3・2級対策〔本科生・パック〕通常受講料（税込）

コース名	Web通信講座
3・2級ダブル合格本科生	¥66,000
3・2級ステップ合格本科生	¥66,000
3級合格本科生	¥22,000
2級合格総合本科生	¥55,000
2級合格本科生	¥49,500
2級答練パック	¥33,000

の付いたコースは、一般教育訓練給付制度の対象コースです。
（2023年10月1日現在）

対象コース
3・2級ダブル合格本科生【受講期間 4ヵ月】
3・2級ステップ合格本科生【受講期間 7ヵ月】
2級合格総合本科生【受講期間 4ヵ月】

制度の詳細はTAC発行の「教育訓練給付制度パンフレット」、もしくはTACホームページをご確認ください。

各種割引制度あり！

※左記受講料は、教材費・消費税10％が含まれます。

コース名	Web通信講座 一問一答エクスプレスあり	Web通信講座 一問一答エクスプレスなし
2級重要論点ファイナルチェック	¥5,500	¥4,400

コース名	自宅受験（Web）
2級直前予想模試	¥4,400

※各種割引制度やお申込みの詳細については、TACビジ法Webサイトもしくは専用パンフレットをご参照ください。

2024年合格目標

インターネットでいつでもどこでも視聴可能！

Web通信講座

音声DL標準装備

インターネットを利用してパソコン等で学習するスタイルです。
迫力ある講義映像をストリーミング配信しています。
24時間いつでも臨場感あふれる講義を受講できます。

Web配信期限	第1シーズン（6～7月）合格目標…2024年7月31日まで 第2シーズン（10～11月）合格目標…2024年11月30日まで 1級／12月合格目標…2024年12月25日まで

※Mac®は、Apple Inc.の商標です。
※Windowsまたはその他マイクロソフト製品の名称および製品名は、米国Microsoft Corporationの米国およびその他の国における商標または登録商標です。

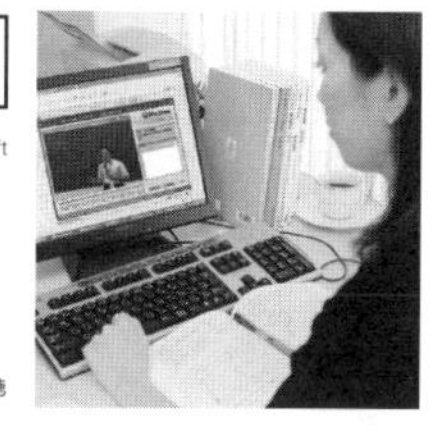

メリット

▶いつでも好きな時間に何度でも繰り返し受講することができる。
▶Windows®PCでもMac®でも受講可能。インターネットの視聴環境が整えば、パソコンはもちろん、スマートフォンやタブレットその他端末を利用して職場や外出先でも学習できる。

※Web通信講座の講義はインターネット上での配信です。また、講義中の板書を掲載した講義録の発送はございません。ダウンロードしてご利用ください。
※ビジネス実務法務検定試験®講座第2シーズン（10～11月）合格目標の3級・2級本科生・パックは第1シーズン（6～7月）合格目標で収録したものをご視聴いただきます。ただし、3級応用答練・2級重要論点ファイナルチェック・模試は異なります。

お申込み前に必ずご確認ください

Web通信講座、音声DLフォローのご利用、またミニテストや答練・模試のWebテスト、成績表（3・2級）・添削答案（1級）閲覧などのために一定のWeb動作環境が必要です。

お申込み前に必ず右記にありますTAC WEB SCHOOLの動作環境ページをご確認ください。実際にご受講される端末からアクセスしていただき［TAC WEB SCHOOL動作環境のご確認］ボタンから、動作環境確認ページへお進みください。

▶ TAC WEB SCHOOL 検索

操作はとても簡単 便利で快適！充実の機能！

画面は実際の仕様とは異なる場合があります

【ビジ法：論点別チャプター分け講義】1チャプターは約10～20分！

★短時間で気軽に受講できる！スキマ時間を活用できる！
★自分が今どの論点を学習しているのか常に意識できる！
★自分の聴きたい論点をすぐに見つけられる！

●スマートフォン・タブレット端末をご利用の場合、一定期間に定められた（データ）通信量以上の通信を行うと、ご契約の各キャリア・プランにおいて通信速度の制御を実施される可能性があります。なお、TAC WEB SCHOOLの動画は「約500～700MB／2時間半」となります。 ●ダウンロードした講義動画は2週間視聴可能となります。有効期間内であれば何度でもダウンロード可能です。講義音声データは、AAC（拡張子は.m4a）形式での配信となります。ダウンロードした講義動画のプレーヤーは、ブラウザでのプレーヤーとは機能が異なります。

Webテスト IBT・CBTを体験できる！

Web配信期限	第1シーズン（6～7月）合格目標…2024年7月31日まで 第2シーズン（10～11月）合格目標…2024年11月30日まで 1級／12月合格目標…2024年12月25日まで

日時・場所を選んでインターネットで試験を受けられる便利なIBT・CBTですが、紙とWeb画面上では当然、解答のしやすさや解答方法が異なります。TACでは、ミニテスト・答練・模試をWeb上で解答していただくことで、IBT・CBTに慣れておくことができます。

■3・2級（ミニテスト・答練・模試）

Web画面では問題にメモを書き込むことができず、「見直し」がしにくいなど、紙に比べてやや解きづらい環境であり、すぐに正誤を判断できる知識の精度が求められます。

3級基本講義　ミニテスト

次の記述の正誤を判断し，正しいものには○，誤っているものには×を選択してください。

問題1　コンプライアンスに違反する行為をした企業は，刑事的責任，民事的責任，行政処分等の不利益を受けることがある。

○ ○
○ ×

問題2　私人間の取引一般には民法が適用されるが，企業などの商人間の取引には商法が適用されるという点で，民法が一般法であり，商法が特別法であるという関係にある。

■1級（答練・模試）

Web画面ではキーボード入力となり、手書きに比べて入力・削除が楽になる一方、一定の入力スピードが求められます（2022年度からCBT化に伴い、試験時間が短縮されています）。

設問（2）

部品「α」200個が約束の期日にA社に納品されなかったために，A社は損害を被った。A社は，を請求することができるかについて説明しなさい。

第1問 設問（2）解答欄 任意

1.設問（1）で述べたように、B 社の 引渡債務は

書籍の正誤に関するご確認とお問合せについて

書籍の記載内容に誤りではないかと思われる箇所がございましたら、以下の手順にてご確認とお問合せをしてくださいますよう、お願い申し上げます。
なお、正誤のお問合せ以外の**書籍内容に関する解説および受験指導などは、一切行っておりません。**
そのようなお問合せにつきましては、お答えいたしかねますので、あらかじめご了承ください。

1 「Cyber Book Store」にて正誤表を確認する

TAC出版書籍販売サイト「Cyber Book Store」の
トップページ内「正誤表」コーナーにて、正誤表をご確認ください。

CYBER BOOK STORE TAC出版書籍販売サイト

URL:https://bookstore.tac-school.co.jp/

2 1の正誤表がない、あるいは正誤表に該当箇所の記載がない ⇒ 下記①、②のどちらかの方法で文書にて問合せをする

★ご注意ください★

お電話でのお問合せは、お受けいたしません。
①、②のどちらの方法でも、お問合せの際には、「お名前」とともに、
「対象の書籍名(○級・第○回対策も含む)およびその版数(第○版・○○年度版など)」
「お問合せ該当箇所の頁数と行数」
「誤りと思われる記載」
「正しいとお考えになる記載とその根拠」
を明記してください。
なお、回答までに1週間前後を要する場合もございます。あらかじめご了承ください。

① ウェブページ「Cyber Book Store」内の「お問合せフォーム」より問合せをする

【お問合せフォームアドレス】

https://bookstore.tac-school.co.jp/inquiry/

② メールにより問合せをする

【メール宛先 TAC出版】

syuppan-h@tac-school.co.jp

※土日祝日はお問合せ対応をおこなっておりません。
※正誤のお問合せ対応は、該当書籍の改訂版刊行月末日までといたします。

乱丁・落丁による交換は、該当書籍の改訂版刊行月末日までといたします。なお、書籍の在庫状況等により、お受けできない場合もございます。
また、各種本試験の実施の延期、中止を理由とした本書の返品はお受けいたしません。返金もいたしかねますので、あらかじめご了承くださいますようお願い申し上げます。

TACにおける個人情報の取り扱いについて
■お預かりした個人情報は、TAC(株)で管理させていただき、お問合せへの対応、当社の記録保管にのみ利用いたします。お客様の同意なしに業務委託先以外の第三者に開示、提供することはございません(法令等により開示を求められた場合を除く)。その他、個人情報保護管理者、お預かりした個人情報の開示等及びTAC(株)への個人情報の提供の任意性については、当社ホームページ(https://www.tac-school.co.jp)をご覧いただくか、個人情報に関するお問い合わせ窓口(E-mail:privacy@tac-school.co.jp)までお問合せください。

(2022年7月現在)